LA VIE PRIVÉE DES HOMMES

- Les temps préhistoriques
- Au temps des premières civilisations
- Au temps des Anciens Égyptiens
- Au temps de la Grèce ancienne
- Au temps des Hébreux
- Au temps des Gaulois
- Au temps des Romains
- Histoire de l'Armée romaine
- À Pompéi
- Au temps des royaumes barbares
- Au temps des Vikings
- Aux premiers siècles de l'Islam
- Au temps des Mayas, des Aztèques et des Incas
- Des Celtes aux Chevaliers du Moyen Âge
- Au temps des chevaliers et des châteaux forts
- À l'abri des châteaux du Moyen Âge
- Au temps des Grandes Découvertes
- Au temps des mousquetaires
- Au temps de Louix XV et des guerres en dentelle
- À bord des grands voiliers du XVIIIe siècle
- Au temps de la Révolution française
- Au temps de Napoléon
- Au temps des premiers chemins de fer
- Au temps de la conquête de l'Ouest
- Au temps de la Belle Époque et des premières automobiles
- Au temps de la Grande Guerre
- Histoire des Français

« A l'abri des châteaux du Moyen Age... »

La Vie privée des Hommes

« A l'abri des châteaux du Moyen Age... »

L'Europe des châteaux forts

Sous la direction de Régine Pernoud

Texte de Philippe Brochard
Illustrations de Patrice Pellerin

HACHETTE

Des châteaux et des hommes

LES CHÂTEAUX FORTS, UNITÉS DE VIE DANS LES CAMPAGNES

Le château est un refuge et une sécurité pour la route; et pour la population rurale, un centre d'attraction et d'animation. Comme les gens de la ville se sentent à l'abri derrière les remparts, ceux de la campagne trouvent au besoin asile au château, et recourent au seigneur pour trancher leurs litiges. Mais celui-ci est toujours tenté d'abuser de son indépendance : ses méfaits restent impunis tant qu'il se retranche derrière ses murailles. Les textes d'époque nous permettraient, s'ils étaient mieux étudiés, de nous faire une idée exacte de la situation. On connaît des révoltes de paysans ou de citadins contre leurs seigneurs. En France, cela a produit les Communes et, au XIVe siècle, la Jacquerie. Mais on sait également que, dans de nombreux cas, les paysans ont fait corps avec leurs châtelains. Encore au XVIIIe siècle, un incendie ayant détruit la ville de Châteaudun, les habitants, selon l'usage des temps féodaux, se sont réfugiés dans le château qui les abrita jusqu'à la reconstruction de leurs maisons.

Parcourons l'Europe, quel que soit le pays, nous apercevons des châteaux forts : parfois en ruines, parfois encore entiers, souvent aussi en cours de reconstruction par des équipes de jeunes. La Grande-Bretagne, la France, l'Espagne, la Suisse en sont plus particulièrement riches. On compte environ 600 châteaux en France (il y en avait plus de 6 000 !), les uns totalement restaurés comme Pierrefonds — au nord de Paris — ou le Haut-Königsbourg — en Alsace ; d'autres dont il ne reste qu'un vestige, comme Mehun-sur-Yèvre près de Bourges ou la tour de Montlhéry. L'Espagne, elle, en conserve plus de 2 000 dont 250 sont entiers.

Et ces châteaux sont tous différents : chaque pays a engendré un style qui lui est propre. Ils ne sont pas les mêmes si le seigneur était un roi, un prince ou un empereur ou s'ils ont été édifiés tant bien que mal par un petit baron rural, comme ce seigneur picard, Robert de Clary, qui n'avait en tout et pour tout qu'un fief de six hectares. Ce ne sont pas les mêmes non plus s'ils se dressent en montagne — Tarasp ou Sion en Suisse —, en bordure de mer — Caernarvon au pays de Galles —, sur les rives d'un fleuve — Marienbourg en Pologne —, ou en rase campagne — Salses, dans le Roussillon. Pas les mêmes sous un climat humide et tempéré, favorisant les forêts, comme à Coucy, ou aux confins d'un désert de pierres, comme au Krak des Chevaliers, en Syrie.

Partout, les châteaux forts nous étonnent par leur formidable puissance, qu'ils soient encore en état ou fortement endommagés par huit ou neuf siècles d'existence. Et le propriétaire indélicat qui voudra anéantir tel tas de ruines branlantes au milieu de ses champs connaît bien le travail que cela lui coûtera.

Les constructeurs

Tous les enfants qui ont passé des vacances au bord de la mer se sont un jour amusés à construire un château de sable. C'est si simple. On pourrait croire qu'avec un minimum de connaissances pratiques, chacun sera capable de construire un château fort. Mais imaginez un instant que vous vivez dans un pays hostile, où les animaux sauvages et les ennemis menacent. Imaginez que vous n'avez jamais vu de château fort en photographie ou en dessin. Et même que vous n'avez pas les outils pour tailler la pierre, que personne ne vous a appris les lois de l'équilibre, de la pesanteur ou la résistance des matériaux...
La construction des châteaux forts était affaire de spécialistes qui s'étaient formés sur le terrain et avaient appris leur métier d'autres constructeurs, non à l'école. Ces hommes, nous les connaissons un peu, grâce aux chroniqueurs qui ont raconté les faits et gestes de leur maître, ou par l'étude des contrats passés entre les seigneurs et les bâtisseurs. Beaucoup sont seulement connus dans quelques villages, parfois même pour un seul bâtiment qui a aujourd'hui disparu. D'autres sont restés célèbres pour avoir dirigé les travaux de puissants bâtiments : c'est le cas, par exemple, de l'architecte de Saint-Louis, Eudes de Montreuil, ou celui du roi d'Angleterre Édouard Ier, nommé Jacques de Saint-Georges. Souvent, ils n'exercent pas là une véritable profession : le roi Philippe le Bel a pour architecte Egidio Colonna, son précepteur, qui est également philosophe et théologien. Les gens du Moyen Age n'emploient pas le mot « architecte », mais « maître de l'œuvre ».

Les techniques

Au fur et à mesure qu'ils ont découvert de nouvelles techniques, les hommes ont amélioré la construction des châteaux forts. Aux xe et xie siècles, on a construit l'essentiel du bâtiment en bois, qui est un matériau plus facile à exploiter et que l'on trouve en abondance dans la plupart des pays d'Europe. L'usage de la pierre s'est accru quand les hommes ont eu en abondance les outils pour la tailler. Pour cela, il fallait déjà maîtriser la fonte du fer et savoir forger des outils solides. Les premières tours en pierres imitaient les tours en bois : elles étaient carrées. Mais en

LE LIVRE DE CHEVET DES BATISSEURS DE CHÂTEAUX FORTS

Tous les constructeurs de châteaux forts ont lu ou entendu parler du *Traité de l'art militaire,* de Végèce. A la fin du IVe siècle, cet architecte romain avait rédigé un livre pour restaurer la puissance des légions romaines. Cet ouvrage sera recopié en de multiples exemplaires jusqu'au XVe siècle. La construction des remparts et des machines de guerre en est directement inspirée ; mais cela n'explique pas les transformations, les nouveautés adoptées par les bâtisseurs du Xe au XIIIe siècle.

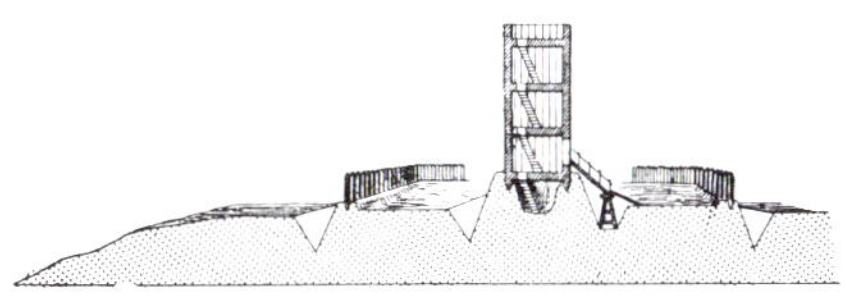

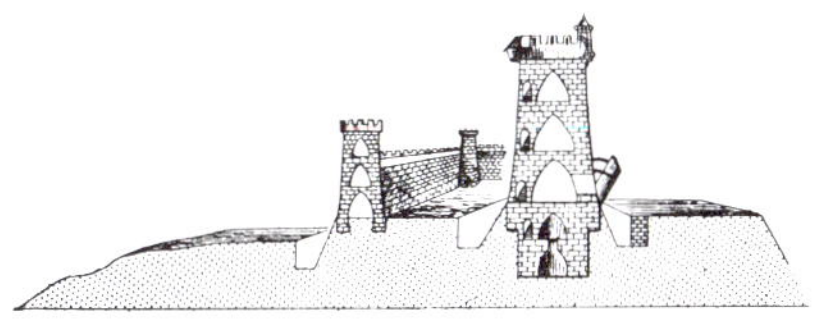

Coupe théorique d'un château primitif (en haut) et d'un château du XIIIe siècle (en bas).

raison de l'usage d'engins de siège de plus en plus puissants, les bâtisseurs ont dû renforcer l'épaisseur des murs. Puis, ils ont construit des tours rondes après avoir remarqué que cettte forme résistait mieux aux travaux de sape.
Un mur plat ne peut pas être défendu. Un mur surmonté de créneaux, de hourds, de mâchicoulis, entouré de tours rondes où sont percées des ouvertures orientées dans toutes les directions pour supprimer les angles morts, constitue autant de pièges pour refouler l'adversaire.
Les travaux de construction peuvent durer de six mois à... cinquante ans, selon les ressources du seigneur. La construction avance beaucoup plus vite si l'on utilise les matériaux sur place au lieu de les faire venir de loin. On reconnaît les châteaux forts d'Ile-de-France et de Loire à leurs murs blancs du calcaire de la région, les châteaux des Vosges, de grès rose, les châteaux d'Auvergne, aux murs noirs de basalte... De plus, pour renforcer le résultat de son travail, le maître de l'œuvre cherche toujours à tirer parti d'un avantage naturel : une presqu'île, une falaise, un éperon rocheux constituent des défenses qu'il suffit de consolider. Dans une plaine, au contraire, un château — comme celui des Rohan à Pontivy — exige la protection de fossés. Le bâtisseur essaie alors d'abaisser le château pour le rendre moins vulnérable.
Quelquefois, les constructeurs utilisent d'anciennes fortifications, même à demi-détruites. « Château détruit, château à demi-reconstruit » : c'est un adage de l'époque et nous connaissons de nombreuses histoires qui le prouvent. En voici une.
En 1139, Henri de Bourbourg, seigneur de la région de Calais, entre en lutte avec son suzerain, le seigneur Arnoul de Guines. Henri remarque dans la campagne l'emplacement d'un ancien château détruit. Il engage des mesureurs et les charge de prendre en secret les dimensions de l'ancienne forteresse. Puis, à Bourbourg, il fait préfabriquer les pièces de bois nécessaires. En une nuit, la forteresse est remise sur pied. Henri peut s'y retrancher : il faudra un long siège pour que Arnoul de Guines vienne à bout de son vassal.
La simple volonté du seigneur ne suffit pas pour construire un château : les matériaux et les hommes se paient.

Richard Cœur de Lion

PROBLÈMES FINANCIERS DU ROI D'ANGLETERRE

Construction du château de *Beaumaris :* (1278-1280) bâti en 18 mois; le chantier emploie 2 000 personnes. Le roi doit fournir, entre autres, un demi-litre de grain par personne et par jour, ce qui fait 1 800 hectolitres pour six mois. Or, le domaine en produit à peine autant en un an.
Construction du château de *Douvres* (le plus beau des châteaux de Henri II d'Angleterre). XIIe siècle.
Architecte : Maurice l'Ingénieur.
Caractéristiques : fortifications concentriques, murs de 5 à 6 m d'épaisseur. Eaux distribuées par tuyauteries de plomb. Pièces d'habitation avec garde-robes. Deux chapelles. Trois portes à verrou pour défendre l'avant-corps.
Prix : 4 000 livres pour le donjon, 3 000 pour les ouvrages annexes.
La totalité des revenus du roi était de 10 000 livres par an : Henri et son fils Richard (futur Cœur de Lion) durent répartir les paiements sur 12 ans.

Les promoteurs

Pour assurer un travail de qualité, le maître de l'œuvre emploie des professionnels. Sur les chantiers importants, on trouve plusieurs centaines de terrassiers, maçons, charpentiers et manœuvres de toutes sortes : il faut leur verser un salaire, les nourrir, parfois même les vêtir. Le châtelain souhaiterait quelquefois diminuer ces frais en ayant recours à la corvée. C'est en effet un système d'impôts que les paysans règlent non pas en argent mais en journées de travail. Cependant, ces corvées sont fixes et limitées par la coutume locale : elles permettent de nettoyer les fossés ou de transporter les troncs d'arbres, par exemple, mais pas au-delà.

Aussi, le seigneur doit restreindre ses désirs à la mesure de sa fortune. De nombreux châteaux sont arrêtés, en cours de chantier. Ils ne seront jamais terminés.

Mais les ambitieux acceptent de faire des dettes, et même de se ruiner pour aboutir. Ils s'engagent à payer en plusieurs années à des marchands qui peuvent avancer les fonds. Si le seigneur perçoit une taxe sur un pont, sur un port, sur un marché, il la cède au prêteur pendant dix ans ou plus!

Théoriquement, la construction d'un château est décidée pour des raisons de défense, de protection : mais le seigneur sait bien que, lorsqu'il sera derrière ses murs fortifiés, il aura conquis son indépendance. Chaque seigneur est le vassal d'un autre ; mais s'il désobéit à son supérieur, il peut se retrancher dans son château. Cela vaut la peine de se ruiner! A grand château, grand seigneur : c'est bien le symbole de sa puissance.

Les habitants

Nous sommes dans un château fort : quels gens allons-nous rencontrer?

Le seigneur y vit, entouré de sa famille : son épouse, ses enfants, parfois encore sa mère, ses frères ou sœurs s'ils ne sont pas encore mariés, et même des parents plus éloignés.

Et puis, une multitude de serviteurs pour préparer les repas, s'occuper des vêtements et des parures, entretenir les armes, assurer les services religieux (le château renferme souvent une chapelle), soigner les bêtes. Tous ces gens proviennent souvent de la campagne environnante :

HACHETTE

LES EFFECTIFS MILITAIRES.

A Bouvines (1214), l'armée impériale compte envahir la France avec seulement 9 000 hommes (1 500 chevaliers et 7 500 piétons).
Au siège de Calais, le roi d'Angleterre réunit la plus formidable troupe jamais vue : 32 000 hommes.
(Pour comparaison, en 1917, le général Nivelle avait regroupé, pour son offensive sur le front allemand, 800 000 hommes.)
En 1449, Fougères résiste aux assauts du duc de Bretagne avec 150 hommes pour le château, 250 pour la ville et 300 en réserve... !

LES PARTIES DU CHÂTEAU

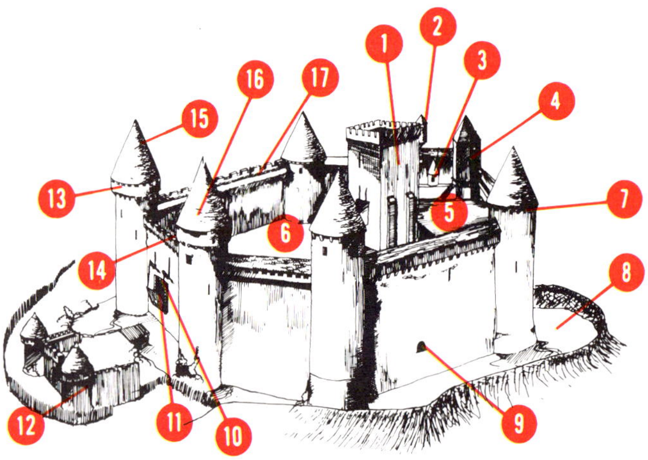

1. Donjon
2. Échauguette
3. Chapelle
4. Tourelle
5. Haute-cour
6. Basse-cour
7. Hourds
8. Fossé
9. Poterne
10. Herse
11. Pont-levis
12. Barbacane
13. Mâchicoulis
14. Créneaux
15. Tour d'angle
16. Tour flanquante
17. Chemin de ronde

plus le châtelain est riche, plus son château assure de nombreux emplois.
Mais ce château est aussi une forteresse : il possède sa garnison, une troupe en fait peu nombreuse. En effet, l'historien est toujours surpris quand il essaie d'estimer les effectifs militaires du Moyen Age. Les chiffres sont très faibles, surtout en comparaison avec nos armées modernes.
Le seigneur peut faire appel à ses paysans ; c'est le service d'ost (armée). Mais devant les piètres résultats, certains souverains, comme Henri II Plantagenêt, au XIIe siècle, préfèrent s'entourer de gens de métier, qui résident sur place et dont l'unique fonction est de faire la guerre. Au XIVe siècle, les armées seront presque exclusivement constituées de mercenaires, étrangers à la région. Seuls originaires du pays, les chevaliers, formant la cavalerie lourde.
Voici donc un nouveau problème d'argent pour le seigneur : il faut rigoureusement payer tous ces soldats, sinon, ils refusent de combattre. Le châtelain doit donc limiter ses prétentions. Le château fort sera défendu par une poignée d'hommes, quelques dizaines ou quelques centaines pour les forteresses les plus impressionnantes. Ce qui explique les soins donnés aux bâtiments eux-mêmes.

Les miniatures : un trésor à découvrir

Des images, un trésor d'images, qui reste à découvrir dans sa plus grande partie, voilà ce que nous réserve cette époque que nous appelons « Moyen Age » et qui reste encore si mal connue.
En effet, durant ces quelques mille années qui se sont écoulées entre la chute de l'Empire romain au Ve *siècle et la découverte de l'Amérique à la fin du* XVe, *si l'on a bâti quantité de châteaux forts et de cathédrales, on a aussi beaucoup sculpté et peint. Les sculptures, les peintures murales, nous en voyons dans les églises, dans les musées. Mais ce que nous n'avons presque jamais l'occasion de voir, ce sont les enluminures des manuscrits de ce temps. Or, nos bibliothèques conservent des milliers de ces manuscrits (des livres, mais « écrits à la main »,* manus, *puisque l'imprimerie n'était pas inventée). Et ces manuscrits étaient pour la plupart illustrés, et illustrés en couleur, car les gens de cette époque aimaient les images, et ils aimaient les couleurs. Quelques-uns de ces manuscrits contiennent jusqu'à quatre mille ou même cinq mille enluminures.*
Les revues, les livres d'art ont parfois reproduit de ces enluminures, mais la plupart restent inconnues, car on n'a encore que très peu utilisé les moyens modernes de reproduction qui nous permettraient de les admirer. Si bien que ce sont de véritables trésors qui restent à explorer dans ces manuscrits que conservent nos bibliothèques.
D'ailleurs, vous qui avez ce livre entre les mains, vous allez pouvoir en juger : à chaque page, une miniature ; et chacune raconte une histoire ; elle montre des gens au travail, ou en fête, au repos ou en action : c'est la vie du temps, exprimée par les peintres de ce temps.
Nous n'avons qu'à tourner la page pour y pénétrer.

Régine Pernoud

« A l'abri des châteaux du Moyen Age... »

Villages, villes et châteaux sont détruits par la guerre.
Où vont aller ces gens qui ont chargé sur des chariots tout ce qu'ils ont pu sauver?

Pourquoi les châteaux forts?

Le pays est en guerre : voici les villes rasées, les campagnes pillées, les forteresses détruites. Quel sort sera réservé à ces populations contraintes de fuir au hasard des chemins? Comment pourront-elles résister aux brigands, aux bêtes sauvages, aux bandes armées en vadrouille..., maintenant que les châteaux forts n'offrent plus l'abri de leurs murs?

De nos jours, les ruines de châteaux parsèment la carte de nos pays et nous oublions souvent les raisons qui ont poussé leurs bâtisseurs à choisir un endroit plutôt qu'un autre.

Dans les premiers siècles du Moyen Age, l'autorité centrale est affaiblie, presque nulle. Les habitants doivent se protéger contre les envahisseurs (Vikings, Arabes ou Hongrois) et construire les premières fortifications de pierre et de bois. Plus tard, au XIIe et XIIIe siècles, certains grands seigneurs gouvernent sur de vastes régions. Ils doivent affermir leur autorité et défendre les frontières — les « marches » comme on dit alors ; ce qui se produit entre le duché de Normandie et les terres du roi de France. C'est également le cas entre le pays de Galles et l'Angleterre, entre l'Espagne chrétienne et l'Espagne musulmane. Entre-temps, le grand commerce s'est développé : il faut aménager, puis protéger — et taxer — les voies de circulation importantes; les grandes routes, les chemins le long des fleuves, comme le Rhin ou le Danube, le rivage des mers ou les routes de montagne.

Autour des châteaux forts, les paysans défrichent : des campagnes naissent, des villages s'établissent. A l'abri de leurs murs, ils permettent quelquefois le développement de villes dont le nom est significatif : en Angleterre, Newcastle ; en Italie, Castelnuovo ; en Suisse, Neuchâtel ; en France, Châteauneuf ou Castelnau.

Que le bâtisseur choisisse un éperon rocheux ou qu'il soit obligé, au centre d'une plaine, de multiplier les douves et les murailles, il n'oublie jamais que le château fort est fait pour se défendre et défendre de la guerre les populations qui l'entourent.

Les châtelains ont débuté par une simple tour, à demi en bois sur des fondations de pierres. Cette tour s'est trouvée entourée de palissades, puis de murs. Au cours des siècles, les murs d'enceinte ont été renforcés de tours d'angle et couronnés de hourds, de créneaux, de mâchicoulis.

De tous temps, les hommes menacés par la guerre ont cherché à se réfugier sur des positions fortes. A Birka, en Suède, les Vikings entourent leur cité d'une enceinte qu'ils fortifient par des tours. Au centre, ils tirent parti d'un éperon rocheux pour établir un fort.

Après que l'Empire romain a cédé devant les Invasions barbares, plus rien ne protège les populations. Les habitants des cités et des villages emploient comme fortifications les anciens bâtiments : thermes, théâtres et arcs de triomphe deviennent alors des ouvrages fortifiés.

Au Xe siècle, après avoir reçu en fief leur duché, les Normands en assurent la sécurité et l'administration. Pour cela, les chefs construisent des tours, juchées au sommet de mottes artificielles : c'est l'origine du donjon. La motte mesure environ 30 mètres de diamètre et souvent 12 ou 15 mètres de haut. Un fossé de 4 mètres de large et de 3 mètres de profondeur l'entoure. Il faut 20 jours à une centaine d'hommes pour l'édifier. Le duc de Normandie confie cette tour à l'un de ses fidèles chargé de contrôler et de protéger les campagnes alentours.

Dans les pays de montagnes, les constructeurs profitent des avantages naturels. Ils font creuser ou agrandir des cavernes. La forteresse devient alors une véritable cité troglodyte. Des sites de ce genre se voient encore en Suisse, en Allemagne ou dans le Massif Central.

En France, en Italie, dans les terres d'Empire, le pouvoir est souvent détenu par les gens d'Église. Ils n'hésitent pas à prendre les armes. Au bord de la Méditerranée, où l'on craignait un coup de main des Arabes, et dans les Pyrénées, certaines églises sont fortifiées.

L'art des charpentiers

Les premiers châteaux véritablement « forts » étaient en bois. C'est un élément pratique, rapide à employer, immédiatement à portée de main, ne nécessitant pas de mortier. Comme au Moyen Age, mais mille ans plus tard, les colons du Far West, les soldats européens aux Indes ou en Indochine, construiront eux aussi la plupart de leurs forts en bois.

Mais à partir du XIIe siècle, le bois se fait rare, conséquence de quatre ou cinq siècles de défrichements intenses. Une simple petite maison nécessite déjà 12 chênes âgés de cent ans. Pour construire la forteresse de Trelleborg, en Suède, on a utilisé 8 000 arbres : 800 000 mètres carrés de forêt !

Même après les progrès de la maçonnerie, le bois demeure : pour la défense — les « hourds » (couronne de protection au sommet des tours), les palissades, les portes... L'art de la charpente évolue également quand les seigneurs demandent de vastes salles de réunion : comme dans les églises, on emploie alors les techniques mises au point par les charpentiers de marine pour la construction des coques de bateaux.

Le bois sert également pour les outils, pour les machines de chantiers et de guerre. C'est alors qu'intervient l'ingénieur : à l'origine, son nom désignait celui qui était capable de construire les machines de guerre et d'en ajuster le tir. Il est devenu charpentier ou artilleur.

En revanche, le bois n'exige pas une main-d'œuvre trop spécialisée : tout paysan est plus ou moins bûcheron ou charpentier ; il peut donc participer à la construction des châteaux.

Les charpentiers au travail ; l'un d'entre eux (à droite) ajuste une poutre à l'aide d'une « herminette » ; un autre (au centre) creuse des trous avec une « tarière » ; le dernier (à gauche) façonne une « mortaise ».

Pour abattre un arbre mesurant un mètre de diamètre, il faut deux hommes et deux heures de travail. L'arbre choisi ne doit pas être trop âgé : à plus de cent cinquante ans, il risquerait d'être pourri. Les bûcherons travaillent en hiver afin d'obtenir un meilleur bois.

Les troncs des chênes restent tout un hiver dans l'eau pour se durcir. Ensuite, ils seront séchés, découpés et, comme pour la viande, les charpentiers les fument et les salent pour aider à leur conservation. Sept cents ans plus tard, ces pièces de bois tiennent encore.

Lieux d'habitation, courtines, tours, chaque partie du château reçoit une couverture : toits d'ardoises, de tuiles en terre cuite ou en bois, selon les régions et les fortunes. Pour être plus à l'aise dans son travail, le couvreur porte des genouillères.

A partir du XIIIe siècle, la charpente devient un véritable travail d'art. Les artisans construisent des maisons à pans de bois décoratifs. Un « architecte » français, Villard de Honnecourt, a laissé un cahier de croquis : parmi eux, cette scie hydraulique (en haut à droite).

Les outils en fer sont coûteux. Mais les charpentiers du Moyen Age connaissent à peu près les mêmes outils que nous. Si vous visitez, à Troyes, la Maison de l'outil, vous verrez des outils de menuisiers et charpentiers, dont la forme n'a guère changé depuis le XVe siècle.

La construction s'achève. Les maçons transportent le mortier dans des « oiseaux ».

Sur le chantier

Ces hommes que nous voyons occupés à la construction d'une forteresse habitent dans la ville voisine, à moins qu'ils ne préfèrent voyager au gré des chantiers qui s'ouvrent. Ce sont des hommes libres et de métier : il faut donc leur verser un salaire régulier, car le recours aux corvées des paysans n'est qu'un appoint (le travail de la pierre exige en effet des gens de métier). Si l'on veut travailler vite, les maçons doivent être accompagnés de « servants », les manœuvres. On sait par exemple que la construction de Beaumaris Castle, en Angleterre, s'est faite très rapidement, de 1278 à 1280 : on a donc employé les services de 400 maçons et de 1 000 manœuvres. Si le seigneur ne peut plus payer, le spécialiste de la pierre ne manque pas de travail : il y a, non loin, une cathédrale, une église, une ville en construction qui sollicitent des bras...

Malgré l'héritage romain en matière de maçonnerie, la plupart des forteresses bâties du VIe au Xe siècles sont en bois. Puis, on reprend l'habitude d'employer des pierres, petites tout d'abord, et progressivement plus grosses, plus régulières. Ce sont des moellons. Les parois des murs deviennent alors parfaitement lisses, pour empêcher l'ennemi d'y trouver des prises lors des attaques. A partir du XVe siècle, on fera souvent confiance à la brique : elle est moins coûteuse et offre une meilleure résistance aux tirs d'artillerie. On devait souvent se contenter des matériaux trouvés sur place ou non loin du chantier : en effet, un attelage de bœufs est incapable d'effectuer dans une journée plus de 15 kilomètres en tirant une charge d'une tonne et demie.

Les murailles sont formées de trois parties : deux murs parallèles — les « parements » — en pierres taillées, et le « blocage », remplissage de pierrailles et de mortier. On intercale des morceaux de bois ou de fer pour assurer la cohésion. L'épaisseur atteint parfois 8 à 10 mètres.

Pour hisser les pierres jusqu'au sommet des murs, les maçons disposent de cette « cage d'écureuil ». Elle permet à un homme de lever dix fois son propre poids. Pour de moindres hauteurs, le manœuvre gravit des plans inclinés en poussant une brouette.

Grâce aux outils de fer, les maçons peuvent tailler de plus grosses pierres, bien lisses, que l'ennemi ne pourra pas saper ou desceller. Mais ils ne sauraient travailler sans équerre et niveau à plomb (qu'on nomme parfois « archipendule »).

A la fin du Moyen Age, la taille des pierres se complique, devient de plus en plus raffinée. Le tailleur grave sa marque, dite « marque de tâcheron », qui permet de calculer son salaire. D'autres marques, dites « de position », indiquent où l'on doit placer la pierre taillée.

Le maître de l'œuvre — l'architecte — dirige les travaux : il est responsable du bâtiment. Il connaît tous les secrets de la forteresse et assurera souvent sa défense. Il peut aussi parfois conduire l'attaque d'un autre château fort.

Au sommet d'une butte dénudée, le château dresse ses murs : courtines, tours d'angles, donjon.

Des douves au donjon

L'austérité d'un camp militaire : telle pouvait être l'impression ressentie par le visiteur d'un château fort. Imaginons un instant que nous pénétrons dans l'enceinte d'une forteresse du XIIIe siècle.
Nous serons étonnés, comme l'indique cette miniature, que les abords du château soient déserts. Ce sont les « lices », des terrains vides, où l'ennemi ne peut se dissimuler ; là se déroulent les combats singuliers, les chocs de cavalerie. Nous passons ensuite les « barres », une longue palissade formée de pieux : c'est la première ligne de défense. Souvent, le seigneur entretient un verger à proximité. Et voici le « fossé », profond et abrupt : s'il est rempli d'eau, ce sont les « douves ».
Les murs d'enceinte sont renforcés de tours qui perfectionnent la défense. Tout au long des murs, on a pratiqué des trous qui dominent l'agresseur et permettront de jeter sur lui des pierres, des matières incendiaires..., qui lui interdiront l'accès : ce sont les « mâchicoulis », sans lesquels la défense du château serait impossible.
Dès que nous avons passé la porte, voici la cour ou « baille ». Elle est souvent partagée en deux : haute et basse. Et, plus loin, dominant l'ensemble, le donjon, entouré d'une « chemise » (ou mur) de protection. La porte d'entrée est située au premier étage : on y accède par un escalier de bois qui sera détruit dans le cas où l'ennemi aurait pénétré jusque là. A l'intérieur du donjon, une grande pièce : au plafond, une ouverture pour accéder aux étages supérieurs. Là aussi, l'escalier est escamotable : ultime recours...
Deux étages sont enterrés : on y trouve le puits, les réserves et une fosse pour déverser les immondices.

Si le château n'a pu être construit sur un piton rocheux ou, au moins, une colline, il est entouré de fossés ou de douves, emplies d'eau. Le plus souvent, l'eau n'y est pas courante et il faut les curer de temps à autre. C'est une corvée pénible.

Une fois ce pont relevé, le château sera impénétrable, à moins de franchir les fossés, la herse et la porte. Sur la berge, un petit fort défend quelquefois l'accès au pont-levis : c'est la « barbacane ».

Une garde attentive. Voici la haute-cour délimitée par une muraille qu'on dénomme la chemise du donjon. Au long des siècles, les seigneurs y feront construire des appartements plus accueillants que les seuls locaux militaires.

Les sentinelles montent la garde. En cas d'attaque, le chemin de ronde permet de se rendre rapidement aux postes de combat. Mais comme les heures de veilles sont longues et froides, le soldat pourra « guetter au chaud », dans la petite tourelle en surplomb : l' « échauguette ».

La basse-cour est la partie la plus animée du château. On y trouve tout ce qui est nécessaire à ses habitants, et surtout, un puits : sans eau, pas de vie. Dans la basse-cour se rencontrent les domestiques, les paysans, les enfants, les animaux. Les gens s'y racontent les derniers potins. Les charrois apportent les produits agricoles au four ou au moulin. Des artisans — potier, bourrelier, menuisier, maréchal-ferrant... — y ont un atelier. De petites cités se développent sous les murs du château.

Dans la bibliothèque, un clerc enseigne les enfants.

Dans l'intimité du logis seigneurial

Franchissons le seuil du logis seigneurial.
Au XIIe siècle, nous pénétrons dans une vaste et unique salle, où nous trouvons, en plus de la cheminée, le lit et un ou deux coffres. Pas d'autres meubles, sinon les planches et les tréteaux qui formeront la table (d'où l'expression « mettre la table »).
Entrons dans le même logis deux siècles plus tard : quelle transformation ! Toute l'habitation est partagée en petites pièces, mieux décorées, plus intimes et surtout plus chaudes. Désormais, on ne dort plus au lieu même où l'on mange. Quant aux objets personnels, à la vaisselle, on peut les placer dans de nouveaux meubles, devenus alors une marque de raffinement. Derrière la chambre à coucher, un cabinet d'aisances sert également de garde-robe.
Le maître du logis a, de plus, réservé un endroit pour la bibliothèque. Là, un homme d'église pourra employer les livres à l'éducation de ses enfants. Cette miniature nous montre avec précision un pupitre, des étagères et une bibliothèque tournante où sont disposés les ouvrages. Chaque livre est protégé par une épaisse couverture de cuir et par un fermoir de métal. Les élèves sont assis sur une sorte de lit : seul le professeur possède un siège. Les gens riches prennent à cette époque l'habitude de disposer des tapisseries le long des murs, ce qui ajoute à l'impression d'intimité et de chaleur.

Dans le château, les meubles sont rares : des coffres, qui servent aussi de sièges, pas de tables. Le seigneur garde l'habitude d'un mobilier facile à transporter en cas de guerre. Pour les repas, les serviteurs posent des planches sur des tréteaux. Autour, ils disposeront des bancs.

La salle du château est froide parce qu'elle est trop grande. La dame fait installer des tapisseries pour la séparer en petits espaces plus intimes et plus chauds. Ces riches tentures sont de couleurs vives, de même que les fresques qui ornent les murs des plus beaux châteaux.

Dans les premiers châteaux forts, la chambre du seigneur et de sa dame n'était pas séparée du reste du bâtiment. Au XIIIe siècle, elle constitue une pièce plus intime. Pour conserver la chaleur, le lit est toujours fermé la nuit par des « courtines » qu'on relève le jour.

La Salle (en Angleterre, le « hall ») est l'origine, le cœur de l'habitation. Tout le monde y vit et y dort. Mais quand le château commence à se diviser en pièces plus petites, au XIIIe siècle, cet endroit devient surtout un lieu de réunion pour les vassaux convoqués par le seigneur.

Le soir venu, après le repas, le seigneur aime se retrouver avec son épouse et ses enfants, devant la cheminée, pour écouter les chansons d'un troubadour. C'est aussi l'heure des « quodlibet » : en latin, raconter « ce qui plaît », les histoires, les potins, quelques facéties. Au

XVe siècle, les meubles sont plus nombreux. Le coffre renferme la vaisselle d'argent ou d'étain. Comme ce sont des objets précieux, il est bon de fermer le coffre à clé.

Le seigneur dicte à un scribe ses décisions. Il les remet ensuite à des messagers, après avoir apposé son sceau sur le pli.

Le seigneur et ses gens

Au centre de la seigneurie, tout revient au seigneur. Il décide de la construction ou de l'agrandissement du château, organise la défense et conduit la bataille en cas d'assaut. Il contrôle la bonne exploitation des terres qu'il détient, prenant ici ou là une initiative pour améliorer la vie agricole. Il rend la justice et surveille les seigneurs moins importants qui dépendent de lui, ses vassaux. Il favorise la vie religieuse par des dons ou des rentes accordées aux gens d'Église. Ses décisions les plus importantes sont enregistrées sur parchemin, scellé de sa marque personnelle. Il règne en maître, mais il est responsable de ses actes devant le haut seigneur qui lui a attribué son domaine, le suzerain.

Pour accomplir toutes ces charges, il s'entoure de plusieurs serviteurs remplissant chacun une fonction bien précise : chambellan, chancelier, sénéchal, bouteiller...

En privé, le seigneur prend grand soin de lui-même. La toilette du matin est un moment important de la journée. Selon la mode, il porte la barbe, ou les moustaches ; mais, le plus souvent, comme nous le voyons sur cette miniature, il est rasé. Ses cheveux sont soignés, parfumés même. Il s'habille avec raffinement, portant des tissus de qualité : fine chemise de drap flamand, robe de velours italien, fourrures d'origine scandinave, cuirs d'Espagne ou d'Italie.

Jusqu'au Xe siècle, le seigneur est souvent peu cultivé ; il sait rarement lire ou écrire. Mais la culture se répand : de grands personnages comme le duc d'Aquitaine Guillaume le Troubadour ou les comtes d'Anjou écrivent des vers, composent des chants, font rédiger l'histoire de leur famille ou de leur région. Le châtelain entretient des artistes locaux ou s'efforce d'en faire venir d'ailleurs. Un poète, Guiot de Provins, a pu décrire quatre-vingt-six châteaux dans lesquels il a été ainsi reçu par le seigneur.

La seigneurie forme un tout : le château assure la sécurité dans les campagnes; les paysans apportent au châtelain les redevances qui sont versées après les récoltes, à la Saint-Michel ou à la Saint-Rémy (fin septembre, début octobre). Le seigneur détient et défend la terre; il y exerce des droits fixés de tous temps par la coutume; les paysans travaillent cette terre, sur laquelle ils vivent. Pendant des siècles, ces familles de paysans seront assurées de cultiver les mêmes terres pour les mêmes redevances, consistant en une partie des récoltes.

Le vassal place ses mains entre celles de son suzerain. Il reconnaît par ce geste qu'il est son « homme »; il lui prête « hommage » et lui jure obéissance. En échange, son suzerain s'engage à le défendre. Il lui accorde une partie de ses terres, qui sera alors son « fief ».

Chaque seigneur est maître sur ses terres, à condition de respecter la coutume du lieu : dans le cas contraire, son suzerain le rappellerait à l'ordre. Il exerce la justice et la police. Il rend la justice entre ses paysans, mais, pour des affaires graves, il s'en remet à son suzerain.

Le seigneur est très sensible à son aspect extérieur et à sa propreté corporelle. Il aime revêtir des habits soignés. Chaque matin, il fait une bonne toilette et fréquemment il prend un bain, chaud et parfumé. Parfois, son épouse est en sa compagnie dans la cuve de bois.

Le chancelier marque du sceau seigneurial un document rédigé sous la dictée du seigneur. La signature n'apparaît qu'au XVe siècle, alors que le sceau existe depuis 5 000 ans ! Lorsqu'un homme meurt, son sceau est détruit ou enterré avec lui.

Avant de partir pour la guerre, le seigneur vient rendre à la dame ses derniers hommages.

La dame

Dès son plus jeune âge, la jeune fille est mêlée à la vie du château : avec ses frères, elle s'ébat dans les cours et les salles, joue avec eux à imiter les guerriers, dort dans la même chambre que ses parents. Lorsqu'un voyageur arrive au château, c'est elle qui, pour lui faire honneur, sert son repas et l'aide à faire sa toilette.
Mais au moment où les garçons commencent leur entraînement de chevalier, elle se tourne vers des travaux plus féminins : la tapisserie, le dessin. Elle apprend aussi à bien s'habiller, à se coiffer, à porter des bijoux : en un mot, la coquetterie.
Parvenue à l'âge adulte, la dame tient à faire respecter son intimité : on n'entre pas chez elle sans respect, surtout lorsqu'elle se trouve en vêtement d'intérieur, comme sur cette miniature. Les hommes d'armes hésitent sur le seuil de sa chambre, devant le carrelage délicat, les tapis, les coussins...
La dame aime passer son temps en compagnie des troubadours, mais elle se passionne également pour la chasse ou les tournois. Quand le seigneur est absent, elle est à même de diriger le domaine seule. Elle tient le rôle de son époux quand celui-ci n'a pas les qualités nécessaires ; ainsi cette Adèle de Blois, fille de Guillaume le Conquérant, qui, sachant que son époux, Étienne, a abandonné la croisade, juge qu'il manque un peu de caractère et le décide à y retourner... !
Elle sait bien que, par les liens du mariage, elle est soumise à son époux ; toutefois, elle garde son indépendance matérielle. Lorsqu'elle s'est mariée, elle est venue avec une dot — des terres qui appartenaient à son père. Son mari lui a également fait don d'une partie de son domaine : si elle devient veuve, elle gardera ce « douaire », une part du domaine dont elle est la suzeraine et dont les revenus lui appartiennent.

Dans le courant du XIIIe siècle, imitant un usage de saint François d'Assise, on commence à représenter la Nativité par de petits personnages de cire ; la dame se recueille avec ses enfants devant la crèche. Jusqu'à six ou sept ans, elle dirige leur éducation.

Les femmes et les jeunes filles excellent à filer et à confectionner des broderies ou des tapisseries. Tisser est l'affaire des hommes. Au XVe siècle, les tissus sont fabriqués surtout en ville. Pour réchauffer les murs humides du château, on les garnit de tentures ou de tapisseries.

La femme du seigneur surveille la « jonchée » : les serviteurs recouvrent le sol d'herbes et de branchages. C'est un moyen pour éviter le froid des dalles ou l'humidité de la terre battue. Seuls, de très riches seigneurs peuvent s'offrir des tapis.

Tout le monde à l'époque aime s'habiller de couleurs vives. Les marchands itinérants, apportant les soies d'Orient ou les brocarts d'Italie, savent que les châteaux leur feront toujours bon accueil. Sauf si le Roi vient de promulguer un édit contre le luxe !...

Dans la campagne environnante, des miséreux n'ont pas trouvé asile auprès d'une fondation charitable (à l'Hôtel-Dieu de la ville ou au monastère voisin). Ils errent sur les routes, en quête d'aumônes. La châtelaine vient à leur aide, comme la religion le lui prescrit.

Après une campagne victorieuse, le roi est accueilli à la porte d'une ville fortifiée.

En suivant le roi et la reine

Avec tous les honneurs dus à son rang, le château — sur cette miniature, il s'agit en fait d'une abbaye ou d'une ville fortifiée — accueille le roi de France. L'artiste qui a peint cette scène s'est efforcé de mettre en relief le personnage royal : un cheval blanc, carapaçonné d'or et la housse armoriée ; une armure entièrement dorée, alors que celles des autres chevaliers sont en fer ; un long manteau doublé d'hermine blanche. Pour bien montrer que sa visite est officielle, il a coiffé la couronne et tient dans sa main le sceptre, symbole de son autorité royale ; derrière lui, un chevalier porte sa bannière.

Mais ce personnage recueille ici les fruits de cinq siècles d'efforts. Avant l'An mille, en effet, qui aurait témoigné au roi de France ce profond respect ? Ce n'était alors qu'un seigneur parmi les autres. Tous étant égaux, ils se disaient « pairs » ; le sacre que le roi avait reçu lui conférait un prestige supérieur, un pouvoir d'arbitre, et lui donnait le droit d'intervenir pour que partout la coutume du lieu soit respectée. Mais hors de son domaine, il n'a guère de véritable autorité. Au cours des siècles, progressivement, la royauté s'est affirmée, en Angleterre, en Espagne et en France. Grâce à une suite d'acquisitions (souvent d'ailleurs par mariage ou héritage), le domaine du roi qui, au Xe siècle, ne comportait guère que l'Ile-de-France et la région d'Orléans, se confond presque avec la France ; si bien que le roi est partout chez lui ; il fait reconnaître son autorité en matière de justice et d'administration. Il fait ainsi respecter son autorité militaire en contrôlant tous les châteaux forts. Nul ne peut construire sans son assentiment. Quand le roi redoute une rébellion, il fait mettre à bas les murs — on dit alors le « manteau » — de la forteresse : il la « dé-mantèle ».

Le roi tient à faire respecter son autorité alors que les grands seigneurs, ses vassaux, souhaiteraient conserver leur indépendance. Pour mieux les contrôler, le roi se déplace. Il n'a pas de résidence fixe et va d'un château à l'autre pour consommer sur place le produit des récoltes. Le seigneur a l'obligation de recevoir son hôte du mieux qu'il pourra. Les voyages sont souvent très longs : le roi est suivi de toute sa Cour et des dames. Le convoi transporte le matériel de cuisine, les vivres de voyages, les vêtements et, parfois même, le Trésor royal.

Les pièces de monnaie sont frappées à la main. Elles sont donc de forme irrégulière et des trafiquants « rognent » les bords pour récupérer du métal précieux. Certains hauts seigneurs ont le droit de frapper monnaie, mais au XVe siècle, la monnaie royale s'impose partout.

Le roi ne construit pas des forteresses uniquement pour défendre son pays contre des envahisseurs. Le château fort est pour lui une marque de son autorité. Comme la Tour de Londres (ci-dessous, à la fin du XIIe siècle), de nombreux châteaux forts seront transformés en prison.

La dame fait rédiger des documents écrits par un secrétaire (un clerc) et elle les marque d'un sceau de forme ovale. Les reines, les châtelaines peuvent exercer seules le pouvoir royal ou seigneurial. Certaines administrent tout un royaume, comme le fit Blanche de Castille.

Jusqu'au XVe siècle, on vit dans l'entourage du roi d'une manière très simple. Les ducs de Bourgogne, souverains d'un pays fort riche, organisent la vie quotidienne de leur Cour comme une cérémonie. C'est l'« étiquette », que les autres monarques adopteront bientôt.

Les paysans au rythme des saisons

La défense du château est, comme le travail des paysans, soumis aux variations du climat. Un été pluvieux diminue la quantité des récoltes, donc, des futures réserves en cas de siège. Les pieds des chevaux et des combattants s'enfoncent dans la boue. Un été trop chaud, en revanche, peut assécher les douves et tarir le puits : situation tragique pour les défenseurs. Un hiver sec et froid augmente les dangers d'incendie, attire les loups et les ours dans les lieux habités ; un hiver humide favorise les maladies. Certains châtelains ont consigné leurs mémoires dans des annales : nous apprenons ainsi, et par d'autres témoignages, que le climat a pu changer. Il fait, certainement plus doux aux XIIe et XIIIe siècles, plus froid aux siècles suivants.

Comme la campagne qui l'entoure, la vie du château est donc soumise au rythme des saisons. Mais le seigneur peut également transformer la vie rurale. En accordant des libertés, de petits privilèges, il favorise l'extension des cultures par les défrichements, il incite de nouvelles populations à se fixer sur ses terres. Qu'il parvienne à s'entendre avec un monastère voisin, qu'il promette de bâtir une chapelle ou d'abriter les pèlerins, et il jouira du prestige dû à ceux qui défendent la foi. De plus, par ses moyens financiers, il peut entreprendre la construction de moulins, de routes, de canaux qui améliorent les conditions de la vie agricole. Et grâce à d'autres privilèges, il peut favoriser l'installation d'un marché et même d'une bourgade, au pied des murailles. Mais les villes se distinguent des châteaux, car dans toute l'Europe — sauf en Italie et dans le sud de la France — c'est dans les campagnes qu'on bâtit des châteaux.

Juillet. Pour l'auteur des *Très Riches Heures du Duc de Berry*, c'est le mois des moissons et de la tonte des moutons, à l'ombre paisible du château de Poitiers.

Aux mois de mars et avril, dès les premiers beaux jours, les paysans binent la terre, arrachent les mauvaises herbes et sèment les graines de printemps. Des cultures sont maintenues à l'intérieur même de la première enceinte : elles fourniront de quoi se nourrir en cas de siège.

Le seigneur et ses gens profitent avec bonheur des jours de printemps, après les mois d'hiver où ils ont chassé ou chevauché malgré le froid, le gel et les pluies. Le seigneur convoque ses vassaux pour 40 jours, aux assemblées de mars ou de mai.

Fauchaison, moisson, battage, engrangement sous le chaud soleil de l'été. Lorsque la dernière charrette de gerbes est à l'abri, les paysans font une fête, l' « aoustée », qui marque la fin des travaux pénibles. On sait alors que le château aura assez de nourriture pour l'année.

Dans les caves, greniers et celliers, on amasse les réserves. C'est le travail des « serfs », paysans astreints à ne pas quitter le domaine seigneurial, auquel ils doivent un certain nombre de jours de travail : c'est une forme d'impôt payé en nature qu'on appelle la « corvée ».

En octobre et novembre, les gens du château profitent des derniers beaux jours pour faire paître les troupeaux, pour labourer et semer les grains d'hiver. Les paysans devront abriter avec soin les instruments comme la charrue, car ce sont des outils coûteux.

En hiver, les paysans poursuivent les défrichements en taillant les haies et en rasant les arbustes aux abords du château. La chasse est plus facile à cette saison. Malgré l'interdiction de chasser sur la terre du seigneur (le « défends »), les braconniers attrapent des animaux.

Dans la cuisine du château des ducs de Bourgogne,
les boulangers préparent les miches de pain et les mettent à cuire.

Les réserves, de la cave au grenier

Face aux guerres, au brigandage, à l'incertitude du commerce, les habitants du château cherchent à vivre d'une manière autonome en produisant tout ce dont ils ont besoin. Le château fort n'est donc pas seulement un camp militaire : il anime toute une région, plus ou moins vaste, qui assure sa subsistance. Sur ce domaine, le châtelain possède en propre sa « réserve », constituée de bois, de landes et de terres cultivées. Au-delà, ce sont les « manses » des paysans, les champs qu'ils exploitent pour eux-mêmes, moyennant redevance au seigneur.

Le domaine seigneurial doit fournir : la nourriture de tous, les matériaux de construction, le lin, la laine, le cuir...

Acheter le moins possible, telle est la règle.

Le bois et l'eau constituent les deux principales sources d'énergie. Le bois est utilisé partout où l'on a besoin de chaleur, de l'atelier du maréchal-ferrant aux cheminées du château. L'eau, entraînant la roue des moulins qui écrasent les grains, les plantes et les teintures textiles, la terre des poteries, le minerai de fer... et apportant, de surcroît, des poissons. Même au XIIe siècle, quand on aura commencé à construire des moulins à vent, les rivières restent utiles. En effet, s'il arrive que le vent cesse de souffler, une rivière s'arrête rarement de couler. Sauf en hiver, en raison du gel ; mais c'est l'époque où ralentissent les activités et où le domaine vit de ses provisions.

Constituer les réserves est un travail considérable auquel tout le monde participe : rentrer les grains, presser les raisins, saler ou fumer les viandes ou les poissons, cuire les pains comme on le voit ici dans la boulangerie du château des ducs de Bourgogne. Tout cela explique que, pendant le Moyen Age, le seigneur préfère recevoir les redevances de ses paysans en nature plutôt qu'en argent.

Les moulins à vent sont apparus en Europe occidentale vers la fin du XIIe siècle. Construire un moulin revient cher : les seigneurs, les abbayes en installent, ou encore des groupes d'habitants, comme à Toulouse (moulins de Bazacle). Le propriétaire perçoit la taxe d'usage.

Pour s'éclairer, les gens du château fabriquent eux-mêmes leurs chandelles. Ils récoltent la cire des abeilles ou le suif — la graisse des moutons — et ils coulent la matière chaude dans des moules. Ils se servent aussi de lampes à huile ou de torches de bois résineux.

Les vêtements se fabriquent en ville, ou parfois dans l'atelier du château : tissus de laine ou de lin, cuir, fourrures, etc. Les hommes et les femmes sont déjà très sensibles aux variations de la mode.

Comme le moulin, le pressoir est un instrument « banal », c'est-à-dire qu'il dépend en général du « ban », de l'autorité du seigneur. Cette construction énorme nécessite de fortes dépenses, notamment en bois. Les paysans paient une redevance pour son utilisation.

On imagine toutes sortes de moyens pour conserver les aliments : dans les sous-sols, dans les cheminées, au grenier. Le poisson et la viande sont séchés, fumés ou salés. Dans les caves du château, les saloirs sont de grandes auges de pierre où l'on conserve lards et bacons.

Un repas au XVe siècle. Les invités dînent à l'écart. Les plats sont nombreux et variés. Des musiciens distraient les convives.

Une cuisine raffinée

Au château fort, c'est l'heure du dîner. Avant de s'asseoir devant la table, il a fallu se laver les mains très soigneusement, car les convives mangeront avec leurs doigts. Le seigneur ou le chapelain ont béni ce repas qui promet d'être long : à l'écart, sur une tribune, des musiciens jouent.

En période de Carême, les invités devront se contenter de quatre ou cinq plats de poissons, pêchés dans les rivières ou les étangs du domaine. De la morue, du hareng — salés ou fumés — viennent des côtes à partir du XIIIe siècle. Certainement pas de saumon : c'est un mets ordinaire, le poisson des pauvres. Mais un vrai dîner, c'est un repas de « char » (chair) : de la viande. Du bœuf, du porc, de la volaille et du gibier. La viande est bouillie ou rôtie, accompagnée de sauces, froides ou chaudes, fortement épicées, de peu de légumes verts, sauf au printemps ou en été ; quelques légumes secs, en hiver. La pomme de terre est inconnue! En revanche, on mange beaucoup de pain : près d'un kilo par jour.

Ce repas assez lourd donne soif : dans l'Europe de l'Ouest, la boisson quotidienne est la « pommade » (le cidre) ; dans le Nord, la cervoise ; fermentée avec du houblon, celle-ci fera de la bière. Il n'est pas désagréable de boire de l'eau, recueillie à la source ou au puits ; quand elle vient des citernes, on y ajoute du vin, du réglisse ou du miel pour en chasser le mauvais goût. Mais, de préférence, les convives boivent du vin, que le seigneur fait venir à grands frais si les terres de son domaine ne peuvent en produire.

Le fils du seigneur découpe la viande qu'il posera sur le « tranchoir », une grosse tranche de pain qui sert d'assiette. A la fin du repas, ces tranchoirs seront donnés aux pauvres ou aux animaux. Les meubles sont parfois richement décorés comme cette crédence du XVe siècle.

Un mets très apprécié, le lait lardé. Bouillir du lait avec des lardons, du safran, des œufs battus jusqu'à ce que le mélange caille (1-2). Laisser égoutter une nuit (3) puis découper des tranches épaisses. Les faire frire et servir, en ajoutant de la girofle ou des pignons de pin (4-5).

Le cuisinier sait que les convives raffolent des plats magnifiquement décorés, des gâteaux aux brillantes couleurs, des oiseaux reconstitués : faisans, paons, cygnes ou gibier qui est souvent la base de la nourriture. La présentation est de plus en plus raffinée au XVe siècle.

Ce n'est qu'au XIIe siècle que les châtelains découvrent l'usage des fourchettes à deux dents. Auparavant, et pendant longtemps encore, on prend les aliments avec ses doigts ou la pointe du couteau. Pour éviter à la dame de se salir, un convive lui offre une bouchée.

Les cuisines du château peuvent être immenses. Comme les repas durent quelquefois plusieurs heures, il convient de tenir les mets au chaud dans des plats de métal. Mais les gens de cuisine emploient souvent une vaisselle de terre cuite, fabriquée au château.

Entouré de ses amis et de la garnison du château, le seigneur pratique son jeu favori : les échecs.

Le temps des loisirs

Le chevalier, au centre de cette scène, vient apporter au seigneur une nouvelle urgente. Profitons de cette évocation de la vie intime du château pour savoir comment on y occupe ses loisirs. La paix règne sur le pays et aucune occupation ne retient les chevaliers à l'extérieur. Sans doute en raison du mauvais temps, car un domestique a disposé une tapisserie devant la cheminée, pour éviter que le vent ne s'y engouffre. Les baies sont fermées par des vitres, luxe rare même à la fin du Moyen Age !

Au milieu de ses compagnons qui conversent — entre hommes ! —, le seigneur joue aux échecs. A vrai dire, c'est le seul jeu qui ne lui paraisse pas frivole ; bien au contraire, l'échiquier lui évoque un champ de bataille sur lequel il pousse ses gens d'armes. Mais ici, l'astuce remplace la force physique.

S'il a reçu une éducation suffisante, le seigneur peut aussi consulter les livres de sa bibliothèque : quelques romans de chevalerie, des ouvrages pieux et, surtout, la Bible. Son épouse, quant à elle, aime bien écouter le chant d'un troubadour, accompagné de quelques notes de musique. Certains seigneurs sont poètes, aiment écrire ou composer des pièces musicales. Leur château devient alors un véritable foyer intellectuel.

Mais en réalité, un château fort est fait pour se défendre de la guerre, et la vie y est longue à s'écouler sans elle. Un célèbre troubadour du XIIe siècle, Bertrand de Born, nous le dit clairement : « Je n'aime pas la paix. » Et pour la fuir, certains chevaliers quittent leur pays d'origine, partent en croisade, souvent avec leur femme, ou s'engagent dans des aventures légendaires aux confins du monde connu, vers la Russie, l'Asie Mineure ou l'Afrique. Tels, Enguerrand de Coucy ou cet Hervé que, sur les bords du lac de Van, on dénommait le « Francopoule ».

Les jeux de société les plus courants sont les tables, sorte de jeu de dames, et surtout les échecs. Depuis le XVe siècle, les Occidentaux connaissent les cartes à jouer. Les dessins représentés sur les cartes — les « tarots » — sont très divers.

Au Moyen Age, les gens ne séparent pas la poésie de la musique. Les instruments sont très variés : le luth, la vielle, la flûte, le rebec (ci-dessus), ancêtre du violon, ainsi que la viole, les tambourins, sans parler des orgues, souvent portatifs, de la harpe ou de la guitare.

Les gens du château participent fréquemment à des jeux d'adresse ou de hasard. Les jeux de dés, permis (en principe !) seulement au moment des foires, sont souvent pratiqués en cachette dans les tavernes. On joue de l'argent, et même ses vêtements ou ses armes.

En 999, le chevalier Colin est aveuglé pendant le siège de Liège : il continue pourtant de se battre avec son maillet. Il en est resté un jeu, celui de « Colin au Maillet » — ou Colin Maillard — auquel les enfants ne sont pas les seuls à trouver du plaisir.

Le dimanche, ou aux jours de fête, les habitants du village voisin et du château se rencontrent dans des jeux de balle ou de palet. Dans les pays méditerranéens, on pratique des jeux avec une boule de cuir, comme la soule. La soule à la crosse est à l'origine du golf.

Plus de cent jours de fêtes dans l'année !

Pour agrémenter la vie, les fêtes sont nombreuses au château.

Chaque événement dans la famille du seigneur (fiançailles, mariage, naissance, baptême et même un décès) est une bonne occasion pour réunir la parenté, quelques vassaux ou amis, et pour organiser un banquet, exhiber ses plus beaux vêtements et se lancer dans la danse. Il arrive même que le seigneur, sa femme ou l'un de leurs enfants participent à une fête familiale d'un paysan. Vers le XVe siècle, c'est d'ailleurs l'objet de fréquentes remontrances de la part de ceux qui considèrent qu'un noble ne s'affiche pas avec ses tenanciers.

Cependant, sur l'ensemble du Moyen Age, les habitants des villages et du château se réunissent aux mêmes occasions, selon un calendrier rigoureux. Et, au contraire de ce que nous connaissons, l'été est une période creuse en festivités : entre la Saint-Jean (fin juin) et la Saint-Michel (fin septembre), tous sont occupés soit aux travaux des champs, soit à la guerre ou à l'entraînement militaire. Les jours de fête sont beaucoup plus fréquents en hiver et au printemps : la période de Noël dure douze jours avec la fête des Innocents, la fête des Fous, la Saint-Sylvestre, et se termine par la fête des Rois avec sa traditionnelle galette. Plus tard, c'est la chandeleur — et sa procession aux chandelles —, Mardi gras, la quadragésime, où l'on allume des feux qu'il faut enjamber en dansant, Pâques, et plusieurs autres jusqu'aux réjouissances de la Pentecôte.

La plupart des fêtes sont sacrées. Mais la religion a conservé souvent d'anciennes coutumes païennes qui s'attachaient par exemple au culte du soleil (solstice d'hiver à Noël, solstice d'été à la Saint-Jean).

Les personnages du célèbre *Roman de la Rose* profitent d'un bel après-midi de printemps pour danser en plein air.

Au jeudi saint, le châtelain lave les pieds des pauvres qui se trouvent sur ses terres. Par ce geste symbolique, à l'appel de l'Église, les puissants de ce monde se voient rappeler que le Christ lui-même a lavé les pieds des apôtres.

Une troupe de bateleurs, qui se rendait dans une ville voisine, vient demander au château l'hébergement. Si le maître des lieux est généreux, les gens du voyage s'attarderont à jouer, chanter, dire des poèmes, présenter leurs tours et conter leurs histoires.

Si la vie est dure, il y a de nombreux jours de divertissement : plus de cent jours de fêtes dans l'année ! Beaucoup ont un caractère religieux. Pour les fêtes de Noël, le seigneur, sa dame et tous les gens du château assistent à l'office de l'Étoile qui est la messe de la Nativité.

Lors d'un mariage, la « mesnie », c'est-à-dire les gens du château chantent et dansent. A certaines occasions, c'est le « charivari ». Chacun s'empare d'un instrument de musique, ou d'objets divers pour faire du bruit. En criant, tous font le plus grand tapage possible.

Les paysans savent qu'avec l'été viendra la saison des gros travaux. A la Saint-Jean, fin juin, ils se rassemblent pour une dernière grande partie de plaisir. On allume des feux pour fêter le jour le plus long. Des jeunes gens s'exercent à sauter par-dessus les flammes.

La meute des chiens, excités par un piqueur ou un rabatteur, se rue sur le sanglier qui est à l'agonie.

La chasse : une nécessité et une passion

C'est la curée, le dernier moment de la chasse à courre : l'animal blessé, épuisé, s'abandonne à la mort. Les chiens, excités par plusieurs heures de chasse, déchirent la bête mourante (ici, un gros sanglier).

Pour le seigneur, la chasse n'est pas un jeu, mais une nécessité. Depuis les temps les plus anciens, les hommes ont dû lutter contre les bêtes sauvages pour assurer leur sécurité : au Moyen Age, il faut encore tuer les sangliers, les lapins, les renards..., qui viennent ravager les cultures et les poulaillers. Il y a même plus grave : le loup et l'ours peuvent s'attaquer aux gens.

Le gibier est également un appoint essentiel des repas, qui comportent plusieurs plats de « venaison ». Mais la chasse — et surtout la chasse à courre — est aussi l'un des meilleurs entraînements au combat, pour le châtelain et ses gens. Le seigneur se tient à cheval une journée entière. Il doit déjouer les ruses de l'animal, galoper, traverser des rivières ou des étangs, se dépenser sans compter. Et, pour finir, porter à la bête le coup de couteau qui l'achèvera. C'est pour cela qu'il monte son destrier, son cheval de guerre, qui ne craint pas d'approcher un autre animal.

L'homme ne chasse pas seul : ses alliés sont les chiens. Chaque château entretient un chenil : chiens de force — capables d'attaquer un sanglier ou un cerf —, ou chiens courants, les fameux lévriers. Mais, dans les pays du Sud, les chasseurs emploient aussi le faucon et le guépard.

Les paysans ne pourraient supporter les frais d'un équipage de chasse : il ne leur reste donc qu'à traquer les petits animaux, en se servant d'un furet et même d'écrevisses qui s'insinuent dans les terriers.

Aussi, le privilège de la chasse revient progressivement aux nobles. Ils en font une science, et même un art, la « vénerie ».

L'apprentissage de la chasse est important pour le futur seigneur. Son père le confie aux enseignements d'un chevalier plein d'expérience, le veneur. Il lui apprend à reconnaître les traces des animaux, d'après leurs empreintes dans la neige ou leur passage dans les buissons.

La chasse sert à éliminer les animaux sauvages pour l'homme. Ainsi, au XIIe siècle, les gens du comte de Zähringen tuent des ours à l'endroit où le seigneur veut fonder une place-forte. Plus tard, ce sera la ville de Berne, en Suisse (en allemand, ours se dit *Bär*).

Les armes de chasse sont les mêmes que les armes de combat : arc, épieu ou lance, couteau. Mais, pour de gros animaux, les chasseurs dressent aussi des pièges : des fosses dissimulées par des feuillages ou cet entrelacs de cordes, qui se refermera sur l'animal à son passage.

Plus subtile, gracieuse et délicate, la dame aime la chasse au faucon. L'animal est tout d'abord capturé dans la nature. Puis il est dressé pour s'attaquer à d'autres oiseaux ou à de petits mammifères. Avant d'être lâché, il est retenu par une laisse et encapuchonné.

La chasse est une nécessité, mais pour les seigneurs, c'est aussi une passion. Seuls, ils peuvent pratiquer la chasse à courre qui demande d'entretenir tout un équipage et une meute de chiens. Dans la journée, les chasseurs aiment s'arrêter et faire un bon repas en plein air. Des serviteurs leur préparent des mets chauds grâce à cette cuisine roulante. En poursuivant un cerf, les chasseurs parcourent de grandes distances. Parfois, ils s'égarent et doivent demander l'hospitalité à un paysan ou à l'un des vassaux.

Dans la chambre de la dame, nourrice et servante prennent grand soin du petit enfant qui vient de naître.

Du berceau à la tombe

Un joyeux événement au château : un enfant est né. Voilà peut-être plusieurs années que le seigneur et son épouse l'espéraient avec ardeur. En effet, à quoi seront réduits tous les efforts du châtelain, s'il ne peut léguer son territoire? Un héritier mâle pourra assurer la continuité de la tâche. Mais s'il n'a qu'une fille? Il faut alors la marier avec un seigneur voisin qui servira le pays de la même manière. Les mariages sont donc quelquefois décidés à un très jeune âge, sans tenir compte des sentiments que pourront se porter les futurs époux. Bien sûr, lorsque la seigneurie ne couvre que quelques villages, les faits n'ont pas de grandes conséquences. Mais si le seigneur est duc d'Aquitaine ou roi d'Angleterre?
Aussi, le petit être qui se trouve maintenant dans le berceau sera-t-il couvé par sa mère, sa nourrice, et tous les serviteurs, car tout le monde sait qu'il est encore bien fragile. Jusqu'à notre époque, la vie des petits enfants est restée précaire. Beaucoup mouraient en bas âge. Aux temps féodaux, la durée moyenne de la vie était à peu près la même que de nos jours ; mais au XIVe siècle, après la famine qui fut catastrophique dans toute l'Europe en 1315-1317 (deux années de pluies incessantes qui empêchaient de semer et de récolter!), et surtout l'épidémie de peste noire, la « grande peste » de 1348, qui frappa au moins un homme sur trois et fit disparaître des villages entiers, la santé et la durée de la vie faiblissent. Un auteur du temps écrit que « le monde n'a jamais pu retrouver son ancienne vigueur » ; les rois de France eux-mêmes sont alors quelque peu dégénérés : Charles VI devient fou et lorsqu'il meurt, à cinquante-trois ans, il a l'air d'un vieillard.

La dame vient de mettre au monde un fils. On le nommera... Enguerrand, Raymond ou Gaudri. Sa vie est menacée, soumise aux épidémies, à toutes les maladies de la petite enfance qu'on n'a réellement appris à soigner qu'en notre XXe siècle.

Gaudri vient d'atteindre dix-sept ans. Il fait ses premières armes, alors qu'il n'est même pas encore chevalier. C'est pourtant un adulte, capable de se mesurer avec un adversaire en combat singulier. Il sait que tout le poids de la seigneurie reposera un jour sur ses épaules.

Jusqu'à sept ans, Gaudri est resté auprès de sa mère. Mais ensuite, il s'exerce à son rôle de futur chevalier. Un clerc lui donne les rudiments de l'instruction, mais il préfère les heures où il s'entraîne au combat. Il veut être le digne successeur de son père.

Au cours d'une chasse, Gaudri a rencontré une jeune demoiselle. Son cœur s'est ému et il s'est senti honteux sous ses vêtements souillés. Il a vingt-deux ans, l'âge de se marier. Si son père n'a pas prévu une alliance avec un seigneur voisin, il peut espérer faire un mariage d'amour.

Gaudri est mort à quarante ans. Son corps épuisé a cédé à la maladie et à ses blessures de guerre. Son épouse le pleurera longtemps, car il était bon chevalier et mari loyal. Pour honorer sa mémoire, ses enfants lui feront sculpter un gisant de pierre pour son tombeau.

La chevalerie : un code de l'honneur

« Non militia sed malicia » : « chevalerie signifie méchanceté ». Par ce jeu de mots en latin, un homme d'Église du XIe siècle exprime son opinion aux premiers temps de la chevalerie militaire. Et cependant, deux siècles plus tard, grâce à l'influence des moines, des évêques, des femmes aussi, qui préfèrent la courtoisie à la guerre, la chevalerie est devenue l'idéal le plus pur du combattant médiéval. Sur ce thème, dans tous les pays d'Europe, le roman de chevalerie a exalté les vertus qu'on appelle toujours : chevaleresques. A notre époque, le cinéaste Eric Rohmer a fait un film, *Perceval le Gallois,* sur un roman de chevalerie composé au XIIe siècle par un écrivain nommé Chrétien de Troyes.

Pour devenir chevalier, un homme doit répondre à certaines exigences : fidélité à la parole donnée, défense des faibles, générosité envers tous, enfin s'engager au respect d'un véritable code de l'honneur. Ce code n'est pas réellement écrit, mais il est présent dans tous les esprits.

Le chevalier doit respecter la foi chrétienne et les enseignements de l'Église, assister à la messe, jeûner le vendredi, éventuellement combattre les Infidèles et tous ceux qui violent la paix. Sa vie privée doit s'accorder avec sa foi : son épée doit également défendre le faible et l'opprimé, la veuve, le pauvre et l'orphelin, et pourfendre les malfaiteurs. La chevalerie est un engagement moral : un chevalier ne tue pas un ennemi désarmé et aide son prochain dans l'embarras. La devise du chevalier est : « Vaillance et largesse » (courage et générosité).

La noblesse n'est pas la chevalerie : pour devenir chevalier, le noble, le roi lui-même, doivent recevoir l' « adoubement ». Mais, au XIVe siècle, certains grands seigneurs font des chevaliers par dizaines et la notion de chevalerie ira en se dépréciant vers la fin du Moyen Age.

Vers 1450, un chevalier a revêtu son armure pour se rendre au combat.

Le fils du seigneur, âgé d'environ dix-huit ans, est « adoubé » au printemps. Il passe une nuit entière en prières, dans la chapelle du château. Au matin, il communie et son épée est bénie : dès ce moment, il ne devra la mettre qu'au service d'une cause juste.

Sur le perron du château, son parrain, un vieux chevalier, lui donne la « colée » : par ce rude coup, frappé sur l'épaule avec la main ou une épée, le jeune homme devient chevalier. En armes, il saute alors sur son cheval, sans prendre appui sur les étriers pour montrer son agilité !

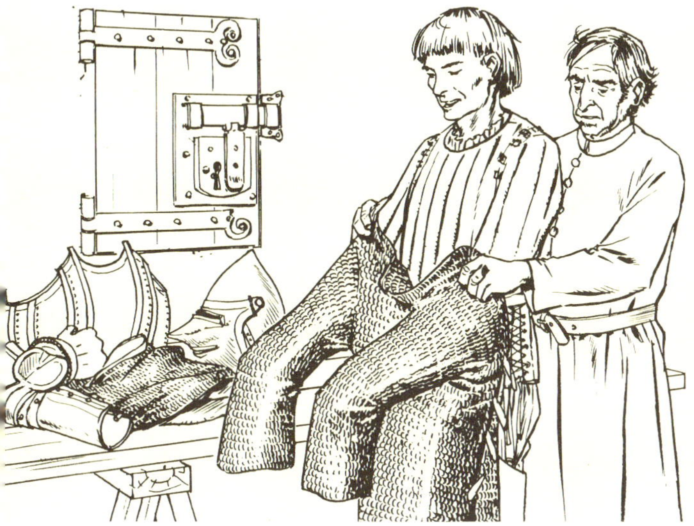

Lorsqu'il revêt son armure, le chevalier a besoin d'un serviteur. Il passe d'abord un « gamboison », sorte de tunique rembourrée. Par-dessus, il endosse un vêtement de mailles de fer. A partir du XIVe siècle, on ajoute des plaques de fer et, plus tard, une armure complète.

Le chevalier s'est-il révolté contre son suzerain ? Ou bien a-t-il commis un crime sur ses gens ? Il est déchu et banni de ses terres. Que lui reste-t-il ? Rien. Il devra errer sur les routes, en quête d'occasions. Mais qui fera désormais confiance à cet homme marqué par l'infamie ?

Pour honorer les seigneurs qui l'entourent et les encourager à lui rester fidèles, le duc de Bourgogne crée un ordre de chevalerie, la « Toison d'Or ». Les membres doivent prêter serment de fidélité. Le nom de la « Toison d'Or » rappelle la légende fabuleuse de Jason, héros de la mythologie grecque, qui était allé en Thessalie chercher la toison d'un bélier d'or, au péril de sa vie. D'où la toison qui figure sur le collier des chevaliers. En Angleterre, le roi crée de même l'Ordre de la Jarretière ; plus tard, Louis XI, en France, fonde l'Ordre de Saint-Michel.

Pas de chevalier sans cheval

Le chevalier prend congé de ses amis et de sa dame, tandis que dans la cour du château, l'écuyer maintient son cheval. Scène fréquente. Y avons-nous réfléchi? C'est à l'animal qu'il va enfourcher que le *chevalier* doit son nom. Et ce sont les charges de cavalerie qui ont permis, à Poitiers ou en Orient, les victoires des chrétiens dans les champs de bataille. Le cheval, par excellence, allié du seigneur.
Qu'il soit destrier — cheval de combat — ou palefroi — cheval de marque, de parade —, cet animal est au Moyen Age assez différent de ceux que nous connaissons de nos jours. C'est une bête plus nerveuse, rapide, suffisamment robuste pour supporter pendant des heures un homme, un lourd harnachement parfois et les chocs, les blessures du corps à corps.
Le chevalier s'efforce de trouver les meilleures bêtes, qu'il fait venir d'Angleterre ou d'Espagne. Depuis les Croisades, il préfère les étalons arabes qui lui donneront des poulains de qualité, vifs et rapides. Car l'essentiel du combat à cheval est d'être rapide, de pouvoir conduire plusieurs assauts, de virevolter pour revenir porter à l'adversaire un nouveau coup. Ce n'est pas un lourd percheron qui serait capable de ces exploits. Jusqu'au XIIIe siècle, le chevalier tient à conserver cette vivacité : il porte avec lui ses armes uniquement. Ses bagages sont transportés dans des chariots. Plus tard, au XIVe siècle, le chevalier porte une armure (dix-huit à vingt kilos). Il est moins leste : son cheval est plus menacé. Il le protège alors d'une housse en tissu et en cuir, rembourrée aux endroits sensibles du cou et de la croupe. Il lui ajoutera encore des mailles ou des plaques de fer, achevant ainsi d'entraver ses mouvements et provoquant de véritables catastrophes comme à Azincourt.

Le chevalier quitte le château et les siens.
Son écuyer lui amène son cheval qu'il tient délicatement de la main droite.

Le cheval est nécessaire pour couvrir rapidement de longues distances. Mais les dames, parfois, ne peuvent pas prendre place sur la selle étroite, à cause de leur robe longue et encombrante. Au XIVe siècle, des artisans fabriquent une selle spéciale, dite selle « amazone ».

Les chars ou voitures sont utilisés pour les déplacements; mais ce n'est qu'au XIIIe siècle qu'a été inventé le train-avant mobile qui permet d'effectuer facilement les tournants. Pour éviter un long trajet à cheval, les dames — et même leurs époux — voyagent en litières.

Le seigneur choisit différents types de chevaux parmi les races qu'il connaît bien dans son pays. Chaque cheval remplit en effet sa fonction propre : les serviteurs montent des « ronçins » et les objets transportés sont fixés sur des « sommiers », des chevaux de somme, animaux très robustes, courts sur jambes. Mais le seigneur a fière allure sur son « destrier » : on dénomme ainsi son cheval de bataille, car l'écuyer le tient toujours de la main droite — dextre —, la main noble. A ses côtés, on tient par la bride le « palefroi », le cheval de parade.

A partir du XIVe siècle, le cheval de bataille est un animal puissant, capable de porter un chevalier armé, dans une longue galopade, et d'affronter le choc d'un autre cheval aussi lourd que lui. Certains seigneurs, voulant protéger leur monture, lui font fabriquer une armure.

Le cheval est un animal qui demande beaucoup de soins : on le nourrit deux ou trois fois par jour, on l'étrille soir et matin. Les écuries sont impeccablement tenues. Le château doit renfermer d'énormes provisions de fourrage. Les chevaux souffrent toujours d'un siège.

Vers 1470, un peintre voyait ainsi une joute. Il a fait cette miniature pour Philippe le Bon, duc de Bourgogne.

Les joutes et les tournois

Le seigneur a fait savoir à ses voisins et à ses vassaux qu'il organisait des joutes. Brusquement, le pays s'anime d'une joyeuse effervescence. De toutes parts, les concurrents ont répondu à son appel : le seigneur les logera du mieux qu'il pourra, dans son château ou sous des tentes dressées au pied des murs.

Les joutes durent plusieurs jours, entrecoupées de banquets, de chants, de danses et de musique. Les bateleurs profitent de l'occasion pour montrer leurs tours.

Mais chacun se presse pour admirer les combattants et les dames de l'assistance, qui ont revêtu leurs plus belles toilettes. Puis le héraut appelle au silence et présente les concurrents, vantant les mérites de chacun. Enfin, deux chevaliers engagent le premier affrontement, pointant leur lance de manière à briser celle de l'adversaire ou à le désarçonner. Celui qui résiste au choc montre son adresse et sa supériorité.

Toutefois à l'issue de ces joutes, ce sera le véritable « tournoi », qu'on appelle également le « combat à la française ». On sort alors des lices pour s'installer en champ ouvert, car on va se battre à dix ou douze. Les deux camps s'éloignent à la distance d'une portée de flèche, puis s'élancent l'un contre l'autre, frappent et « tournoyent » jusqu'à la victoire.

Certains chevaliers consacrent leur temps à circuler de tournois en tournois, tel ce Guillaume le Maréchal, chevalier anglais, qui, après avoir défait 203 chevaliers, dut chercher de l'aide auprès d'un forgeron : il ne pouvait plus retirer son heaume, déformé par les coups ! L'histoire dit que deux clercs comptabilisaient ses gains : le vainqueur remportait en effet de nombreux prix.

Les gens du Moyen Age aiment les sports violents. Ceux-ci servent d'entraînement physique quand la guerre menace, par exemple à la fin du XIVe et au début du XVe siècles, lors des luttes franco-anglaises. La lutte (ci-dessus) était déjà pratiquée dans l'Antiquité.

Le chevalier passe une bonne partie de son temps à l'entraînement. La « quintaine » est un mannequin de bois, fixé sur un pivot et muni d'un bouclier et d'une massue. Si le chevalier ne parvient pas à le renverser, il reçoit un coup brutal : il sera plus adroit la prochaine fois!

Le grand tournoi se livre en deux camps de plusieurs hommes. Quelquefois, il met aux prises de véritables ennemis ; la rencontre devient alors un combat réel, dans l'excitation de la mêlée. Il arrive que des chevaliers trouvent la mort dans un tournoi.

Avant l'affrontement, les adversaires ont appris à se reconnaître d'après leurs blasons. Les dames peuvent faire expulser un chevalier qui leur a manqué de respect. Le seigneur a revêtu son armure. Il va saisir sa lance à trois pointes. Déjà, dans la lice, le héraut l'annonce.

Le chevalier vainqueur reçoit les armes, l'armure, le cheval et quelquefois une forte somme d'argent de son adversaire malheureux. Des chevaliers réputés parviennent à faire fortune uniquement par leurs victoires dans les joutes. Ce sont des adversaires redoutables.

Dans la mêlée

L'ennemi est apparu sur les terres du château. Le seigneur et ses hommes ne peuvent se contenter de rester terrés derrière les murailles. Les chevaliers prennent leurs armes, enfourchent leur destrier et s'élancent vers l'ennemi, hors des murs. L'armement du chevalier a bien changé au cours des siècles. A l'origine, il est composé d'un épieu, d'une masse ferrée, d'une lance, d'une épée. Parfois, d'une hache. Pour se protéger, un casque, un bouclier, rond ou allongé, et une cotte de mailles. Si vous regardez la fameuse Tapisserie de Bayeux (ou ses reproductions!), vous remarquerez qu'on emporte pour la bataille les cottes de mailles que revêtiront les chevaliers sur un bâton qui sert de cintre.

Lorsqu'on commence à se servir de la poudre à canon, vers 1330, le chevalier doit renforcer la protection de son corps ; par-dessus sa cotte de mailles, il dispose des plaques de fer qu'on appelle les « plates », et qui, peu à peu, s'emboîtent sur tout le corps, formant une armure. Son casque recouvre la tête, comme de nos jours celui des « motards » ; ses formes plus arrondies évitent mieux les coups. A la fin du XIVe siècle, le chevalier est enfermé dans une véritable carapace de fer, comme nous le voyons ici. Le bouclier n'est donc plus vraiment utile : il se réduit à une simple targe qui sert à dévier le choc de la lance de l'ennemi.

L'essentiel du combat est dans la charge : les deux adversaires se ruent l'un vers l'autre et tentent de se renverser. A terre, le cavalier est perdu : emprisonné dans sa cuirasse, il est à la merci de l'adversaire qui peut l'achever d'un simple coup de poignard — la dague. Mais l'ennemi, si c'est possible, préfère lui laisser la vie sauve, le faire prisonnier et demander une forte rançon. Sur le champ, il n'hésitera pas à prendre des trophées substantiels : l'armure du vaincu, son cheval ou, s'il est blessé, son harnachement.

Le premier engagement de la bataille : les chevaliers, armés d'une lance, munis d'une « targe », debout sur leurs étriers, tentent de renverser leur adversaire.

Avant le combat, le héraut se rend à la limite du camp ennemi. Il a revêtu son « tabard » — vêtement aux armes de son seigneur — sonne de la trompe trois fois et proclame le défi à haute voix. Le héraut ne porte pas d'armes ; il sera le témoin impartial du combat.

Le château n'a pas les moyens de résister à un très long siège. Les soldats tentent alors une sortie par la barbacane. Ils dégagent l'entrée pour permettre l'accès d'un convoi de ravitaillement. Quelquefois, les assiégeants eux-mêmes souffrent de la famine.

La charge des chevaliers : le moment le plus glorieux et le plus redoutable de la bataille ! Peu de combattants résistent à cette poussée de quelques dizaines de chevaux avec leurs cavaliers bardés de fer. C'est souvent là que se décide le sort du combat. Les seuls hommes capables d'entretenir un cheval en tirent un grand orgueil. Mais à partir du XIVe siècle, lors de la guerre de Cent Ans, les archers, combattant à pied, se montrent redoutables. Ils infligent à la cavalerie de véritables désastres, comme à Crécy ou à Azincourt.

L'accès au château est fermé par plusieurs enceintes de pierres et par des palissades de bois. C'est le plus sûr moyen pour adapter la défense du château au type d'attaque adopté par l'adversaire. Les villages eux-mêmes se défendent de cette manière.

A l'issue de la bataille, les coutumes de la guerre exigent d'ensevelir les morts et de relever les blessés. Les hérauts sont alors nécessaires, car eux seuls peuvent reconnaître l'identité des corps, grâce aux blasons. Le vainqueur pourra tirer une forte rançon d'un adversaire prisonnier.

La Croisade : un devoir sacré

Suivant l'exemple du roi Louis IX comme bien d'autres, le sire de Joinville s'est croisé, en 1248. Humblement, il quitte son château à pied, déchaussé, en chemise de laine. Il s'arrêtera prier dans plusieurs lieux saints, en compagnie de ses neufs chevaliers pendant que les chevaux et leur harnachement feront route directe sur Marseille. Mais ce n'est pas sans tristesse qu'il abandonne son château de Champagne et ses deux enfants. Un mois plus tard, ils atteignent Marseille où les attendent les nefs — navires — qui les conduiront d'abord à Chypre, puis en Terre Sainte. Les chevaux entrent dans la nef par une porte qui sera ensuite fermée et colmatée pour être étanche à l'eau de mer. « Faites voile, de par Dieu! » crie le patron de la nef. Alors commence la véritable aventure.

Les premiers Croisés, qui sont passés par voie de terre, ont mis dix mois pour atteindre la Turquie et livrer les premiers combats contre les Infidèles. Beaucoup préfèrent, depuis cette époque, la voie maritime, au départ de Barcelone, Marseille, Pise ou Gênes. Des escales sont prévues, à Bari, à Malte. Mais la route est aussi dangereuse : les pirates musulmans au large des côtes de l'Afrique du Nord, les traîtrises de l'Empereur byzantin, le mépris des chrétiens déjà installés et maîtres des lieux, la perfidie des commerçants grecs ou latins, et les troupes de l'Islam. Bien souvent, au lieu d'aboutir au pèlerinage de Jérusalem, l'aventure se solde par la mort ou, pire, par l'emprisonnement et l'esclavage chez les Infidèles. Mais depuis la fin du XIe siècle et pendant deux cents ans, la Croisade est un devoir sacré pour tout chevalier, du plus humble des barons au plus puissant des princes. Dans certains cas, les rois et gens d'Église poussent à la Croisade certains vassaux un peu trop remuants, diminuant ainsi le nombre des guerres sur le sol de la chrétienté.

Parvenus en Terre Sainte, les princes francs ont dû organiser tout un réseau de forteresses pour se garantir des tentatives de reconquête des Musulmans. Les maîtres de l'œuvre sont contraints de rechercher de nouvelles techniques. Pour surveiller les cols et les vallées, ils bâtissent des châteaux sur des éperons rocheux; pour défendre l'accès de certains ports, ils construisent des forteresses au bord de la mer. Des grottes sont également aménagées dans la paroi des montagnes pour surveiller les routes. Tous ces exemples, les architectes ne les oublieront pas. De retour en Europe, ils les utiliseront souvent.

Des navires aux formes rondes, les nefs, transportent une multitude de chevaliers en armes. Les rois de France et d'Angleterre partent à la défense de la Terre Sainte.

Pour remplir un vœu et rester fidèle à son serment de chevalier, le seigneur va partir outre-mer (ce que nous nommons : la croisade). Son épouse, qui attend un enfant, ne peut l'accompagner comme le font d'autres dames. Le seigneur s'éloigne pour un ou deux ans.

Pour gagner les Lieux Saints, les Croisés préfèrent le bateau au voyage par terre, beaucoup plus long. Le patron de la nef a fait renforcer la proue et la poupe élevées très au-dessus de l'eau, comme des châteaux forts. Ce sont le « château arrière » et le « château avant ».

Au retour de la Croisade, le roi Richard Cœur de Lion a fait naufrage. Il est tombé entre les mains d'un ennemi. Sa mère, Aliénor d'Aquitaine, rassemble la rançon demandée pour libérer le roi. Tous les vassaux, en France et en Angleterre, contribuent à son paiement.

En Terre Sainte, les Croisés ont défendu les territoires qu'ils occupent contre les Musulmans. Ils ont construit de nombreux châteaux forts, comme la forteresse de Saône. Pour mieux protéger celle-ci, ils ont creusé un fossé profond de 28 mètres et large de 20 mètres.

Restée seule au château, la dame supporte toutes les responsabilités du domaine. Elle fait rédiger des ordonnances qu'on « crie » (le héraut est chargé de les crier partout dans la seigneurie). En cas de guerre, le chef de la garnison lui obéit comme au seigneur.

D'où viennent les blasons ?

Sur le champ de bataille, les combattants doivent pouvoir se reconnaître, et savoir où frapper : les armées, en effet, ne portent pas d'uniformes. Aussi, des cris de ralliement jaillissent, les gens d'un même groupe portent sur leur armement des signes distinctifs. Progressivement, ces « cris » et ces « enseignes » symbolisent les familles de chevaliers qui les portent : ainsi naissent les « devises » et les « armoiries ». Le bouclier était fait de pièces de métal, et de bois recouvert de cuir : ce cuir, peint de diverses couleurs, ou « émaux », et le métal disposé de façons différentes, bandes, croix, chevrons, ont été à l'origine des armoiries. Ainsi le blason du duc d'Autriche était d'écarlate (ou « de gueules ») à la bande d'argent — comme de nos jours les panneaux de sens interdit. Mais à partir du XIIe siècle, les types de dessins se multiplient : la croix, le lys, l'aigle ou le lion sont les figures les plus fréquentes. Il faut alors dresser des registres où figurent toutes les armoiries connues : ce sont des « armoriaux ». Cependant, lors du combat, il faut être capable de reconnaître très vite la marque personnelle de chaque chevalier : ami ou ennemi? Le seigneur est donc accompagné d'un spécialiste, le héraut. L'art d'identifier les armoiries se nomme alors l' « héraldique ».

On reconnaît le héraut à ce qu'il ne porte pas d'armes, ni lance, ni épée, et qu'il est revêtu du « tabard », un vêtement brodé aux couleurs de son seigneur. C'est un personnage inviolable, presque sacré. Il est le seul à pouvoir pénétrer en camp ennemi pour porter un message ou un défi. Avant de partir au combat, les chevaliers lui confient leurs richesses ou leur testament. Pendant la bataille, les hérauts se retirent à l'écart et jugent de l'évolution des événements. Ensuite, ils dénombreront les morts qu'ils sont seuls à pouvoir identifier grâce à leurs armoiries.

Dès le XIVe siècle, les blasons des différents seigneurs sont si complexes et si variés que les spécialistes — les hérauts — les font peindre sur des armoriaux.

Aux premiers temps du Moyen Age, les combats sont d'indescriptibles mêlées. Les soldats n'ont pas d'uniformes et, pour se reconnaître entre amis et ennemis, ils peignent sur leurs boucliers des signes distinctifs. Plus tard, le blason conservera cette forme sous le nom d' « écu ».

De nombreuses familles aiment à rappeler l'origine glorieuse de leur blason. L'histoire dit que, au soir de la prise de Ptolémaïs, le duc d'Autriche était tout couvert de sang, sauf à l'endroit de sa ceinture. Les couleurs du drapeau de l'Autriche conservent encore ce souvenir.

Les hérauts emploient un langage précis pour décrire les armoiries. Le blason, en cuir de couleur, est maintenu par des bandes de métal (1, 2, 3, 4) ou par des fourrures : l'hermine (5) et le vair ou contre-vair (6). D'où les noms des couleurs : « métaux » (jaune = or; blanc = argent) ou « émaux » (bleu = azur; rouge = gueules; noir = sable...). Un blason peut se décrire en 9 parties ou « cantons » (7). Les figures sont appelées des « meubles » : les plus fréquents sont la croix (8), le lys (9), le lion (10), l'aigle (11) et le léopard (12).

Dans le château, le seigneur fait figurer ses armes partout : sur les murs, sur les chapiteaux des colonnes, au-dessus de la porte. Mais le château a été pris par un autre seigneur. Celui-ci s'empresse d'effacer les marques de l'ancien propriétaire pour y mettre les siennes.

Pour mieux se distinguer, les combattants figurent aussi leurs armes sur leurs vêtements. Les Écossais emploient un tissu de « tiretaine » pour en faire le « tartan » aux lignes de différentes couleurs croisées. Le « kilt » tire son origine du vêtement court du XIVᵉ siècle.

Vers 1460, une ville fortifiée se défend contre des assiégeants. Les archers emploient des arcs longs.

Le château assiégé

La bataille fait rage ; le temps est chaud et les hommes cherchent à se désaltérer au cours de l'action. De part et d'autre, les combattants mettent toute leur ardeur et aussi toute leur ingéniosité à repousser l'adversaire. Les défenseurs se croient à l'abri derrière leurs murs : de leur situation élevée, ils peuvent bombarder les assaillants de pierres, ou de poix, de plomb fondu, d'huile bouillante, de détritus... tout ce qui se présente sous leurs mains. C'est pourquoi le haut des murs est découpé en créneaux et les tours, couronnées de mâchicoulis. Les murs nus sont plus difficiles à défendre : il faut disposer des ballots d'étoupe enflammée, par exemple, pour interdire l'accès aux ennemis.

Au pied des murailles, les assaillants n'auraient rien gagné à se lancer immédiatement à l'assaut : ils ont préféré affaiblir les défenseurs par la soif, la faim, l'épuisement.

Au moment propice, ils passent à l'attaque : les fantassins se hissent le long des murs tandis que des archers les couvrent, empêchant les défenseurs de rejeter les échelles dans le vide. On utilise l'arbalète qui est plus précise, plus dangereuse que l'arc — à tel point que l'Église, au XIIe siècle, en a condamné l'usage —, mais c'est une arme délicate et coûteuse.

En revanche, si les moyens d'attaque ordinaires restent inefficaces, les assaillants doivent construire une tour en bois pour surplomber les murs de la place-forte. Il faut la protéger par des peaux humides, car l'ennemi cherche à y mettre le feu.

Lorsque les remparts sont pris, tout n'est pas joué : le château offre encore de nombreux pièges!

Au sommet d'une tour, protégés par la toiture, six ou huit hommes tentent de repousser les assauts de l'adversaire. Ils jettent sur lui tout ce dont ils disposent : de l'huile bouillante, du plomb fondu, de la poix, des pierres et même au besoin des meubles ou des détritus.

Un arc lance une flèche de 90 cm à près de 200 mètres. L'arbalète est encore plus précise : elle tire un « carreau » dont le fer a quatre faces. Au XIVe siècle, les premières armes à feu ne sont pas beaucoup plus puissantes, mais le projectile qu'elles lancent perce les armures.

Les défenseurs font entrer des vivres dans cette forteresse assiégée, bâtie au bord de la mer. Un navire peut accéder jusqu'au pied même du château, et les assiégeants sont incapables d'intervenir. Dans ces conditions, le siège peut durer plusieurs semaines ou même des mois.

Les assiégeants tentent un assaut. En s'abritant, certains minent la base de la construction pour pratiquer une brèche. Mais les gens du château se défendent encore derrière les « hourds », ces longues galeries de bois qui protègent le sommet des murs.

Très peu de châteaux, en réalité, se sont faits prendre par la force; mais si un traître s'est glissé à l'intérieur, la garnison est perdue. Les soldats introduits clandestinement ouvriront la porte, abaisseront le pont-levis. Les défenseurs, surpris, n'auront plus qu'à se rendre.

BIBLIOTHÈQUE ROYALE ALBERT Ier, BRUXELLES MANUSCRITS

Pour venir à bout de la résistance du château fort, les assiégeants utilisent les premières « bouches à feu ».

La fin des châteaux forts

Le château ne pourra plus résister très longtemps. Le siège semble s'éterniser, l'assaillant s'est installé en force et rien ne pourra lui faire lever le camp. La garnison, négligeant les défenses, a laissé les abords du château se couvrir de végétation, facilitant ainsi le travail d'approche des ennemis. Les tours, naguère nues et compactes, offrent maintenant de larges ouvertures : le châtelain aime faire entrer le soleil dans ses appartements, mais ce confort se paie au prix de la solidité de la forteresse. Et surtout, sous les murs, sont apparues les premières pièces d'artillerie. Dans les premiers temps, au XIVe siècle, ces bouches à feu faisaient plus de bruit que de mal : les boulets de pierre qu'elles lançaient parvenaient à peine à égratigner les murailles. Mais au XVe siècle, l'artillerie devient plus puissante, le tir plus précis. Les artilleurs savent envoyer des projectiles enflammés au cœur même du château, pour y porter l'incendie.

Est-ce à dire que les châteaux forts sont condamnés? Non, ils serviront encore longtemps de refuges, y compris pendant les époques modernes. Certaines seront le théâtre de combats acharnés pendant les deux guerres mondiales.

En réalité, à la fin du XVe siècle, le château fort a surtout perdu son rôle. Le monarque règne sur tout l'ensemble du pays et partout son armée, sa police, ses gens de justice maintiennent l'ordre ; les villes s'étendent, les campagnes se peuplent. Les châteaux forts sont abandonnés, ou deviennent des prisons, des entrepôts. Car souvent, le châtelain préfère bâtir une nouvelle demeure, dans le goût de l'époque. Presque tous les « châteaux de la Loire » ont été construits par des agents royaux, surtout des financiers.

Un puissant seigneur est venu à bout d'un vassal révolté ou d'un voisin gênant. Aux termes du traité de paix, il a exigé le démantèlement des forteresses. Sous l'œil d'un homme de justice, le château est alors privé de ses toitures et de ses murs de défense.

Peu à peu, les armes à feu deviennent puissantes. Si, au XVe siècle, elles ne peuvent encore ébranler les murs des courtines ou des tours, elles permettent de tirer des projectiles sur les défenses de bois. En défonçant la porte, l'attaquant s'ouvre ici un chemin d'assaut.

Le château fort a assuré de longues années de paix. Il se trouve maintenant enserré dans une masse compacte de maison blotties contre ses murs. Mais, dès lors, les défenseurs se trouvent bloqués. Le château ne sera plus qu'un lieu de résidence pour le seigneur.

A la fin du XVe siècle, un seigneur français revient d'une expédition militaire en Italie. Là-bas, il a découvert une magnifique architecture de plaisance. Il abandonne sa vieille forteresse pour faire bâtir une nouvelle aile plus gaie, plus ensoleillée, qui sera sa demeure privée.

L'artillerie menace les hauts murs des forteresses qui sont des cibles fragiles pour les boulets. Les architectes militaires décident alors de construire au niveau du sol. Situé entre le Languedoc et la Catalogne, le château de Salses est bâti à partir de 1497. Il subit son premier siège en 1503. Pour l'époque, cette forteresse est de conception révolutionnaire, enfoncée derrière une butte de terrain, au milieu d'une plaine. Au XVIIe siècle, l'architecte Vauban utilisera méthodiquement cette technique, dont les fortifications modernes s'inspirent toujours.

Le château de Cautrenon (Auvergne). Image extraite de l'« Armorial d'Auvergne » de Guillaume Revel (1450). Doc. B. N. Paris.

L'Europe des châteaux forts

Des châteaux à découvrir...
et à visiter en Belgique, en France,
en Allemagne, dans les îles
Britanniques, en Espagne, en Suisse,
en Italie, en Hollande...

L'Europe des

Pour mieux les situer...

La route du Rhin

Les grands fleuves constituent des voies de pénétration importantes pour le commerce, mais aussi pour les envahisseurs étrangers. Deux raisons pour y construire des châteaux forts.

Au-dessus de la vallée du Rhin, toute une ligne de forteresses se dresse, de la Suisse à la Belgique.

A Kaub, deux châteaux témoignent de deux époques différentes. En haut, le château de Gutenfels, dont l'élément principal est la tour dite *Bergfried*. En français, le mot a fait « beffroi » : c'est une tour isolée, dépourvue d'enceinte ou de motte. Ce genre de tour domine les environs et permet de surveiller les rivières, les fleuves ou les lacs : en pays germanique, on la nomme pour cette raison *Wasserturm* (en français, « tour d'eau »). Mais à partir du XIVe siècle, ce type de défense ne suffit plus. Aussi, à cet endroit, le roi Louis III de Bavière abandonnera-t-il le château d'en haut pour bâtir une nouvelle forteresse sur une presqu'île. C'est le château de Pfalzgrafenstein ; celui-ci est construit selon un plan comparable à celui d'un bateau, face au fleuve.

THONIG ZEFA

En haut sur la colline, Gutenfels, en bas sur le Rhin, Pfalzgrafenstein (Allemagne).

châteaux forts

ROGER VIOLLET

Eltz (Allemagne).

Muiderslot : un château de briques

En Hollande, le terrain offre peu de bonnes pierres à bâtir. Il y a peu de châteaux avant le XIIIe siècle ; mais, à partir de cette époque, les seigneurs en font bâtir en briques.

Le château de Muiden, le Muiderslot, s'inspire directement de plans français ou anglais : cour carrée, flanquée aux angles de quatre tours rondes. Mais point de mâchicoulis au sommet des murs ; ici, en effet, la rivière qui l'entoure offre une protection suffisante pour empêcher les assaillants d'approcher. En revanche, il est nécessaire de défendre avec soin la porte d'entrée : pont-levis, mâchicoulis, meurtrières...

Avec le développement de l'artillerie, les défenseurs remarquent que l'usage de la brique est efficace. Car ce matériau absorbe mieux que les pierres le choc des projectiles, et donne une meilleure cohésion aux murailles.

A.R.P.-B.

Muiderslot (Pays-Bas).

Eltz : une vie de qualité

Beaucoup de châteaux allemands sont très différents, vus de l'extérieur ou vus de l'intérieur.

Pour l'étranger, ce sont de véritables forteresses, défendues par de hauts murs, un donjon et une barbacane. Mais au-dedans, l'habitant se croirait dans une petite cité. Les murs sont agrémentés de panneaux de bois, disposés selon le système des colombages ; de nombreuses fenêtres éclairent l'intérieur des appartements ; des loggias surplombent la cour.

A Eltz, quatre logis tout à fait distincts donnent sur cette cour : souvenir de l'époque où chaque partie du château était souvent confiée à un membre différent de la famille, qui souhaitait vivre en totale indépendance. Le résultat est parfois pittoresque.

Ce château est plus une résidence qu'une place forte.

Il bénéficie de tous les modernismes de l'époque (XIVe siècle) : garde-robes, sanitaires, chauffage... et de magnifiques fresques décorent les murs de toutes les pièces d'habitation.

Gand : mille ans de construction

Dès le XIe siècle, les comtes de Flandre manifestent leur puissance : ils sont au cœur de la Première Croisade et les chevaliers flamands investissent les premiers Jérusalem.

A son retour de Croisade, le comte de Flandre Philippe d'Alsace s'aperçoit que les bourgeois ont profité de son absence pour se donner quelques libertés. Afin de mieux les surveiller, il remet en état une vieille forteresse, datant de l'époque des invasions des Vikings. Il renforce le donjon et établit une enceinte complète (1180).

Au XIVe siècle, ce château, appelé le Gravensteen, devient définitivement la résidence des comtes : véritable palais, il perd son aspect militaire. Mais toutes les époques de construction se sont superposées.

T. C. BELGE

Gravensteen (Belgique).

Karlstejn : un gigantesque écrin à bijoux

Le 10 juin 1348, l'archevêque de Prague pose la première pierre de ce bâtiment commandé par le roi de Bohême, Charles IV.
Pour le roi Charles, le château n'est pas véritablement une forteresse militaire, mais un lieu de résidence qui doit symboliser sa puissance et son autorité. Le donjon est imposant : 37 mètres de haut! Sa fonction principale : abriter les bijoux de la couronne et des reliques. C'est en France, où il passa sa jeunesse, que le roi prit l'idée de ce bâtiment, mais en lui réservant uniquement un rôle symbolique. En fait, Karlstejn n'a jamais subi de siège, sauf au XVe siècle lors de la guerre des Hussites, une guerre à caractère religieux. Quant au roi Charles, c'est à coup sûr un personnage hors du commun. Tout en restant maître de son pays, il passe des semaines entières tout seul, dans la chapelle de son château, menant la vie d'un moine. Il n'entre en communication avec l'extérieur qu'au moyen d'un guichet par où on lui passe sa nourriture et les documents les plus importants.
Charles IV s'est marié quatre fois pour assurer sa succession. L'une de ses épouses craint la rivalité des jeunes beautés de la Cour : elle prépare un philtre d'amour qu'elle fait boire à son mari. Mais le mélange manque d'empoisonner le roi!
Sa dernière femme est une puissance de la nature : le roi s'amuse à lui faire couper des morceaux de bois et déchirer des parchemins devant la Cour.

SITENSKY-ZEFA

Karlstejn (Tchécoslovaquie).

Chillon : aux portes des Alpes

Pour traverser les montagnes, les passages sont rares, obligeant les marchands à suivre certaines routes. C'est l'occasion pour les châtelains environnants de lever des taxes.

A l'origine, le château de Chillon est bâti pour surveiller le trafic sur le lac Léman. Au XIe siècle, les évêques de Sion font construire le donjon et une première enceinte. Au siècle suivant, les comtes de Savoie deviennent propriétaires du lieu :

OF NAT SUISSE TOUR

Chillon (Suisse).

ils décident d'utiliser au maximum les avantages offerts par l'île rocheuse de Chillon.
Leur architecte conçoit un ensemble compact, parfaitement défendu sur la façade qui donne sur la berge. Vers le lac, les défenses sont inutiles : les attaquants ne viendront pas de ce côté. En cas de siège, l'eau douce ne manquera pas! En revanche, il faut construire d'énormes entrepôts pour les vivres.
Le château demeure tel jusqu'en 1536, date à laquelle il est investi par les Bernois. Leur bailli décide d'en faire sa résidence; on transforme alors l'intérieur pour le rendre plus confortable.
Aujourd'hui, les fresques et certaines tentures qui décoraient l'intérieur sont toujours visibles. Comme de nombreux châteaux forts encore debout, Chillon a subi quelques restaurations, mais son aspect demeure presque intact.

EVERTS RAPHO

Peñafiel (Espagne).

Peñafiel : un vaisseau sur la colline

Cette forteresse espagnole domine la vallée du Douro, à l'est de Valladolid. Son nom, « Peñafiel », signifie « rocher fidèle ». Un premier château y a été construit au XIe siècle, après la reconquête de la région sur les Arabes par Sancho Garcia.
Mais, au XVe siècle, l'ordre militaire de Calatrava décide de fortifier toute la colline et d'y construire un ouvrage de maçonnerie absolument imprenable. Les architectes choisissent un plan bien régulier, dit en *gran buque*, une « grande nef ». Au centre de ce « navire » de pierre, se dresse un immense donjon de 34 mètres de haut, renforcé de tourelles. La forteresse ne comporte pas d'accès direct pour y pénétrer, mais trois entrées en chicane.
Peñafiel était une place forte symbolique de la Reconquête, face à la domination arabe qui avait déjà beaucoup reculé.

HACHETTE

Pierrefonds (France).

Pierrefonds : une forteresse en crinolines

Le château est construit à partir de 1390 par le duc de Valois. Il doit servir de point de départ à la reconquête du nord de la France sur les Anglais. Mais le théâtre d'opérations s'éloigne de la région. Les rois de France héritent de cette bâtisse qui demeure inemployée jusqu'en 1588.

A cette date (nous sommes en pleines guerres de Religion), Pierrefonds est occupé par un chef de bande qui profite des troubles du pays pour dévaster les campagnes environnantes. Ce n'est qu'à l'issue de trois sièges successifs, menés avec de la grosse artillerie, que le château est pris. A nouveau, en 1616, les opposants au roi Louis XIII s'y retranchent : il faut 18 000 hommes et six jours d'assaut pour les en déloger !

Pour éviter que de tels événements se reproduisent, Richelieu décide alors de démolir le château. Pendant deux cents ans, il ne reste de Pierrefonds que des ruines.

Puis, en 1857, Napoléon III demande à l'architecte Viollet-le-Duc de le restaurer pour en faire une résidence impériale. Le château reprend vie ; mais il est fortement transformé par le goût du XIXe siècle. C'est sous cet aspect qu'il nous est parvenu.

Coucy : 28 tonnes d'explosifs pour un donjon !

Un donjon circulaire d'une hauteur de 54 mètres, large de 31 défend l'entrée de ce gigantesque château. En outre, trois enceintes le protègent, dont la dernière renfermait la totalité de la petite ville de Coucy.

Et pourtant, bien peu de choses en reste de nos jours. Un premier démantèlement est ordonné en 1652 : les explosifs utilisés parviennent à peine à lézarder les murs ! Quarante ans plus tard, un tremblement de terre élargit les fissures. Quelques travaux de restauration sont entrepris à la fin du XIXe siècle. Mais en 1917, l'armée allemande fait sauter le donjon. Il faut, pour cela, 28 000 kilos d'explosifs !

Ce géant manifestait la puissance d'une famille locale, les sires de Coucy. Ils connurent diverses aventures durant le

ARCH. PHOT

Coucy (France).

Moyen Age. L'un d'eux, Enguerrand VII, fit la guerre en Italie, en Écosse, en Afrique, fut candidat à la couronne d'Autriche, mais refusa la distinction de Connétable de France. La famille de Coucy ne faisait néanmoins pas partie de la haute noblesse.

« Roi ne suis
Prince, ne duc, ne comte aussi,
Je suis Sire de Coucy. »
Telle était leur devise.

A.F.E.O.W.

Coca (Espagne).

Donjon du château de Coucy.

Coca : un palais épiscopal

Jusqu'au XIIe siècle, la construction de châteaux espagnols s'est trouvée contrariée par la présence et l'occupation arabes. En français, une expression est née : construire « des châteaux en Espagne » qui signifie « se lancer dans des projets utopiques ». Mais à la fin du Moyen Age, le territoire se couvre de nombreux bâtiments.

Le château de Coca est construit par l'archevêque de Séville, allié à Isabelle de Castille. L'édification de ce bâtiment est due à des ouvriers « mudejares », c'est-à-dire des ouvriers musulmans restés en région chrétienne après la Reconquête catholique. La plupart des murs sont faits de briques et présentent un curieux travail en sillons verticaux. Le maître d'œuvre, qui avait déjà prévu l'emploi de l'artillerie, a ménagé de nombreuses meurtrières et canonnières.

Ce palais-forteresse ne comporte qu'une seule entrée, défendue par le donjon. Il constituait un point stratégique essentiel pour toute la Castille.

Alleuze (France).

Alleuze : un repaire de seigneurs-brigands

Aujourd'hui, Alleuze est une ruine isolée dans les monts du Cantal. Mais, au XIVᵉ siècle, cet ancien château des évêques de Clermont était tombé aux mains d'une bande de brigands mi-anglaise mi-gasconne. Leur capitaine, Bernard de Garlans, employait son temps à rançonner les voyageurs et les paysans de la contrée. Et il n'y avait là personne pour le déloger de son repaire.

Enfin, le roi et l'évêque discutèrent avec le capitaine le rachat du château, seul moyen de l'en expulser. De Garlans fit traîner les échanges plusieurs mois. Finalement, les brigands durent quitter les lieux.

Mais le démantèlement du château tardait à venir ; aussi, les habitants de la ville voisine, Saint-Flour, s'en chargèrent-ils. Pierre par pierre, ils mirent à bas l'essentiel des défenses et ne laissèrent que des ruines inutilisables.

Bonaguil : la forteresse inutile

Pour une blessure d'amour-propre, naquit une superbe forteresse. Nous sommes en 1482. Bérenger de Roquefeuil, sieur de Bonaguil, est cité en justice par le Parlement de Toulouse. Un de ses tenanciers s'est plaint d'avoir été dépossédé de certain privilège. Et le Parlement condamne Bérenger.

Blessé dans sa fierté, celui-ci se retire sur ses terres, — où se dresse un château hérité de son père —, et emploie toute sa fortune et tout son acharnement à construire un château fort comme on n'en avait encore jamais vu. Il double la première enceinte, creuse un large fossé, établit un pont-levis défendu par une barbacane.

Par la suite, Bérenger fait édifier une nouvelle enceinte, basse, prévue pour l'usage des tirs rasant d'artillerie. Bonaguil est bien un château imprenable mais... mais personne ne passe par là. Bonaguil ne défend rien, sauf l'amour-propre de son constructeur.

Bérenger mettra tous ses efforts, jusqu'à la fin de sa vie, dans la construction de cette place forte « parfaite » : au moment de sa mort, dans la vallée de la Loire, à quelque 300 km de là, des architectes construisent Chambord et Chenonceaux...

Bonaguil (France).

Château-Gaillard (France).

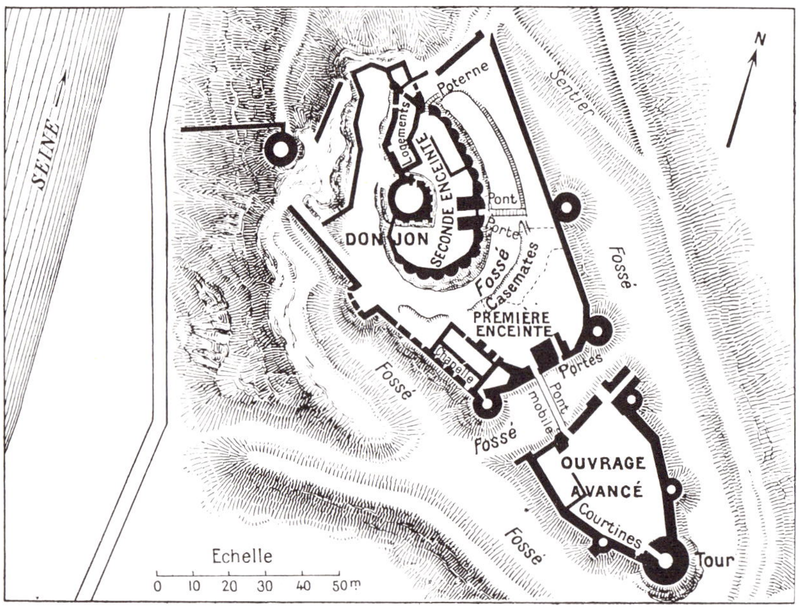

Plan de Château-Gaillard.

Château-Gaillard : le défaut de la cuirasse

Un an seulement pour bâtir cette forteresse étonnante ! De 1196 à 1197. Le roi Richard Cœur de Lion, qui a décidé sa mise en œuvre, en est particulièrement fier.

En 1203, Philippe Auguste y met le siège. Apparemment, la place est imprenable : elle doit défendre les possessions anglaises en Normandie.

Le roi de France occupe tout d'abord les alentours et contraint les habitants (plus de mille personnes) à se réfugier dans le château. C'est bientôt la famine : les défenseurs les expulsent.

Philippe Auguste fait alors combler les fossés, creuser des sapes et miner les tours. La première bastille tombe, les assiégés se retranchent dans la partie centrale. Soudain, une nuit, les Français pénètrent dans le corps même du château en passant par... les latrines ! Ils abaissent le pont-levis : c'est la panique. La garnison se rend, avant même d'avoir pu se réfugier dans le donjon.

Le « château-gaillard » est construit sur un plan typiquement normand : une motte, entourée d'un fossé, à l'extrémité d'un éperon qui domine la Seine. Une première bastille défend la porte et deux enceintes protègent le donjon.

Henri IV et Richelieu finirent de le démanteler au XVIIᵉ siècle.

S. CAROUL

Castel del Monte (Italie).

Castel del Monte : le château du maître du monde

Ce château est construit selon un octogone parfait. Chaque angle est renforcé d'une tour également octogonale et toutes les pièces, à l'intérieur, ont une forme de trapèze.

Mais ce n'est pas là une forteresse militaire : c'est un pavillon de chasse. Sa construction a débuté en 1240. L'empereur Frédéric II de Hohenstaufen, que les poètes et les courtisans ont surnommé le « Maître du Monde », a voulu résumer en un seul bâtiment toutes les connaissances architecturales aussi bien du monde antique que du monde moderne. Cette espèce de château abstrait devait exprimer les idées philosophiques de l'empereur.

Celui-ci y a réuni une cour somptueuse, de poètes et d'artistes occidentaux et orientaux. Il souhaitait faire une synthèse de toutes les connaissances de son époque. Castel del Monte n'a jamais eu de rôle militaire, mais il a servi de prison au XIVe siècle.

Rochester : un château à la graisse de porc

L'essentiel de sa construction date du XIIe siècle ; le donjon est terminé en 1139. Les constructeurs ont déjà prévu plusieurs lignes de défense, des courtines extérieures au donjon central. Les tours sont de plan carré et le donjon est partagé par une cloison en deux parties indépendantes, un peu à la manière des cloisons étanches des bateaux.

Toutefois, les pierres employées dans la maçonnerie sont de petite taille. Quand, en 1215, le château est attaqué, les assiégeants pratiquent une sape au pied de l'une des tours d'angle. Ils l'étayent avec de grosses poutres de bois et tassent à l'intérieur quarante carcasses de porcs

J. VALENTINE

Rochester (Grande-Bretagne).

bien gras auxquelles ils mettent le feu. La chaleur dégagée par la graisse brûlante est très intense : la maçonnerie se fend, l'angle de la tour s'écroule. Les assiégeants n'ont plus qu'à pénétrer à l'intérieur du donjon, contraignant les défenseurs de se rendre. La tour ainsi détruite fut remplacée ensuite par une tour ronde, plus difficile à miner.

Sirmione : des familles en guerre

Cette place forte est construite sur les rives du lac de Garde. Elle a pour mission de protéger l'activité marchande sur le lac, mais aussi de lever des taxes et de contrôler le trafic.

Sirmione est l'œuvre d'une famille italienne qui a régné sur toute la région de Vérone au XIVe siècle, les Scaliger. Pendant tout le Moyen Age, le nord de l'Italie est partagé en deux camps : l'un, qui refuse l'autorité impériale, l'autre, qui défend la cause de l'empereur germanique. On reconnaît l'opinion des propriétaires à l'architecture de leurs bâtiments. Lorsque chaque créneau est séparé des autres par des merlons à cran, le seigneur est favorable à la cause impériale.

Au centre du château se dresse une haute tour, comme on en retrouve dans la plupart des villes de la péninsule. Dans certaines cités, ces tours sont au nombre de plusieurs dizaines : en Italie, la noblesse

ENIT

Sirmione (Italie).

habite dans les villes et les guerres privées restent dans l'enceinte urbaine. Les familles alliées construisent des tours à quelques mètres de distance, qu'elles relient par des ponts ou par des souterrains. Les rues ou le marché de la ville sont quelquefois le théâtre d'affrontements sanglants.

C'est dans ce cadre que se déroule la célèbre histoire de Roméo et Juliette.

Douvres (Grande-Bretagne).

Douvres : chef-d'œuvre des Plantagenêts

Le comte d'Anjou Henri Plantagenêt devient roi d'Angleterre en 1154 : il possède déjà la région de la Loire, ainsi que l'Aquitaine, grâce à son mariage avec Aliénor. Le nouveau royaume se trouve donc coupé en deux par la mer.

Pour protéger la route maritime reliant l'Anjou à l'Angleterre, Henri choisit de construire un puissant château à Douvres. Il y a déjà là les ruines d'un ancien phare romain ; de plus, l'endroit avait été fortifié avant le débarquement de Guillaume le Conquérant.

Le château de Douvres présente trois lignes de défense : une première enceinte (rasée au XVIIIe siècle pour placer des canons), une seconde enceinte encore bien visible et, au centre, un donjon flanqué de quatre tours carrées. Ce donjon est le plus grand jamais construit au XIIe siècle. A l'intérieur de ses murs, épais de 5 à 6 mètres, l'architecte a pu ménager de petites pièces. La base de ce donjon est renforcée d'un talus pour faire rebondir les projectiles sur les assaillants.

Douvres constitue une sorte de verrou pour l'Angleterre. En 1216, il a résisté à une attaque française, empêchant ainsi l'invasion du pays.

Le roi Henri II a fait bâtir de nombreuses autres forteresses, dont Chinon, sur les bords de la Vienne.

Beaumaris Castle

A la fin du XIIIe siècle, le roi Édouard Ier souhaite pacifier les frontières occidentales du royaume d'Angleterre. Pour appuyer son autorité, il fait construire un ensemble de puissantes forteresses. Leur maître d'œuvre est un savoyard, Jacques de Saint-Georges. Il utilise toute l'expérience accumulée par les chrétiens et les musulmans depuis trois ou quatre siècles.

Un château comme celui de Beaumaris est bâti sur un plan concentrique, mais il ne comporte pas de donjon, ce qui est caractéristique. Il possède en revanche une défense naturelle : une rivière (dans d'autres châteaux gallois, ce sera la mer, par exemple). Au sommet des murs, l'architecte a ménagé un large passage, sans escaliers, pour que les défenseurs puissent se rendre rapidement en tous points sans être gênés.

Les châteaux forts gallois étaient si bien conçus qu'ils n'ont jamais connu de sièges importants, car on les savait imprenables. On ne peut donc savoir quelle aurait été leur capacité de résistance. Mais le roi Édouard, qui s'est ruiné à leur construction, dut faire face à une grave crise financière en 1296.

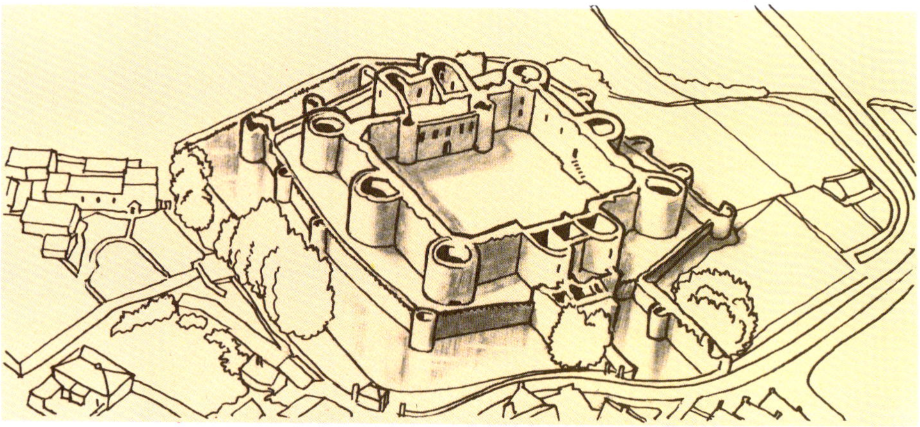

Beaumaris Castle (Grande-Bretagne).

Borthwick : une maison-tour

L'Écosse semble, par excellence, le pays des châteaux du Moyen Age. Les fantômes qui hantent leurs ruines ont fortement contribué à les rendre célèbres.

Cette contrée connaît peu de gigantesques forteresses ; en revanche, elle est parsemée de très nombreux bâtiments fortifiés, les « maisons-tours ». Pour des raisons financières, familiales ou stratégiques, les seigneurs écossais ont préféré se fier à ce type de construction.

Le château de Borthwick a été construit en 1440 par sir William Borthwick. L'architecte a voulu donner à l'édifice une allure rébarbative, froide et inquiétante. Les murs, comportant peu de fenêtres, sont presque aveugles : leurs angles ne se trouvent pas adoucis par des tourelles ou des échauguettes. La porte d'entrée est dissimulée entre les deux tours principales, dominée par 20 mètres de muraille sévère et lisse. A l'intérieur, les escaliers se perdent en un labyrinthe obscur où un étranger ne peut retrouver son chemin.

Borthwick (Grande-Bretagne).

La renaissance des châteaux forts

Les châteaux forts connaissent trois siècles d'oubli. Ils sont démantelés par ordre des monarques, comme Louis XIV, qui voulaient avoir seuls autorité sur tout le pays, ou abandonnés par les seigneurs qui ont préféré vivre à la cour de Versailles. Ils servent de carrières de pierres ou inspirent des légendes effrayantes. Puis, au début du XIXe siècle, les poètes et les musiciens du romantisme découvrent leur charme. Ils servent alors de toile de fond à des tableaux, des estampes, des œuvres littéraires.

Vers 1850, les nations d'Europe décident d'en relever certains, pour en faire des demeures prestigieuses. Le travail est confié à des architectes qui prennent certaines libertés avec la réalité historique. Ils installent le chauffage central, des charpentes en fer ; ils ajoutent des décors « gothiques ». Le roi Louis II de Bavière fait même bâtir des châteaux de toutes pièces, comme celui de Neuschwanstein. Malgré tout, ce goût suscite des travaux érudits et, en France par exemple, de nombreux bâtiments, comme Pierrefonds, doivent leur survie à l'architecte Viollet-le-Duc.

Actuellement, les archéologues et les historiens du Moyen Age ont un plus grand souci de vérité historique. Les ruines sont dégagées avec soin, leurs abords sont minutieusement fouillés. Mais de nouvelles difficultés surgissent : comment conserver une tour dont les fondations s'effondrent ? Comment faire apparaître des fresques du XIIIe siècle sans détruire les peintures plus tardives qui parfois les recouvrent ? Toutes sortes de questions se posent ainsi. Sans compter que, quelquefois, des ruines se trouvent tout juste sur le tracé d'une autoroute ou sur l'emplacement d'un futur ensemble commercial...

Mais, si les châteaux forts vous passionnent, vous pouvez participer à leur sauvetage. De nombreux chantiers accueillent, pendant les périodes de vacances, des jeunes gens volontaires.

Adressez-vous à :

CLUB DU VIEUX MANOIR 10, rue de la Cossonnerie, 75001 PARIS
Tél. : 508.80.40.
Chantiers dans toute la France.
Age minimal : 13 ans.

ÉTUDES ET CHANTIERS 33, rue Campagne-Première, 75014 PARIS
Tél. : 322.15.61.
Chantiers dans toute l'Europe.
Age minimal : 14 ans.

UNION R.E.M.P.A.R.T. 1, rue des Guillemites, 75004 PARIS
Tél. : 271.96.55.
Chantiers dans toute la France.
Age minimal : 16 ans.

De nombreuses autres adresses pourront vous être données par le Centre d'Information et de Documentation Jeunesse, 101, quai Branly, 75740 PARIS
Tél. : 566.40.20.

Les miniatures présentées dans cet ouvrage ont été rassemblées par Jean Vigne. Sources:Bibl.nat.,Paris: p.38;Bibl. Arsenal,Paris:16,18,24,26,28,34,44,46,48,50,52,56;Bibl.municipale,Lyon:20,32,40;Bibl.municipale,St Dié:42;Bibl.municipale,Lille:54;Bibl.Mazarine,Paris:22;Musée Condé, Chantilly:30. Dessins des pages 8,9,65:"Album historique-Le Moyen Age", E. Lavisse. A.Colin,Paris, 1905. L'illustrateur et l'éditeur tiennent à remercier Pierre Brochard pour son aide efficace. Mise en couleurs de Catherine Legrand. Photo de couverture, Hachette : Scène de banquet du XVe siècle (Paris, Petit Palais-Collection Dutuit.)

Imprimé en Italie par GEA - Milan
Dépôt légal n° 8398.03.88 - 29.55.0677.09
I.S.B.N. 2.01.004750.8.

Loi n° 49.956 du 16 juillet 1949 sur les publications destinées à la jeunesse - Dépôt 03-88

29/0677/4
88-III

COLLECTION LA VIE SECRÈTE DES BÊTES

- La préhistoire
- Dans les bois et forêts
- Dans le grand nord
- Dans les déserts
- Les bords de mer
- Dans l'océan
- Dans la savane
- Dans les montagnes
- Dans les lacs et rivières
- Les rapaces d'Europe
- À la campagne
- Dans les jardins et les maisons